E LUN CHUN ZU FENG QING

内蒙古旅游文化丛书

主　编：马永真　乔　吉
副主编：毅　松　金　海

U0812130

高高的兴安岭
——鄂伦春族风情

白兰　编著

内蒙古出版集团　内蒙古人民出版社

图书在版编目(CIP)数据

高高的兴安岭:鄂伦春族风情/白兰编著. -呼和浩特:内蒙古人民出版社,2013.11

(内蒙古旅游文化丛书)

ISBN 978-7-204-12528-9

Ⅰ.①高… Ⅱ.①白… Ⅲ.①鄂伦春族-民族文化-介绍-内蒙古 Ⅳ.①K282.4

中国版本图书馆 CIP 数据核字(2013)第 273109 号

高高的兴安岭——鄂伦春族风情

作　　者　白　兰
责任编辑　刘智聪
封面设计　宋双成　李　琳
责任校对　杜慧婧
出版发行　内蒙古出版集团　内蒙古人民出版社
地　　址　呼和浩特市新城区新华大街祥泰大厦
印　　刷　内蒙古爱信达教育印务有限责任公司
开　　本　920×1300　1/32
印　　张　7.25
字　　数　195 千
版　　次　2014 年 1 月第 1 版
印　　次　2014 年 1 月第 1 次印刷
印　　数　1-4000 册
书　　号　ISBN 978-7-204-12528-9/G·2723
定　　价　22.00 元

如出现印装质量问题,请与我社联系。联系电话:(0471)4971562　4971659

总 序

内蒙古自治区位于中华人民共和国北部边疆，与黑龙江、吉林、辽宁、河北、山西、陕西、宁夏、甘肃八个省、自治区毗邻，北部和东北部与蒙古国、俄罗斯接壤，有4200多公里的国境线。面积有118.3万平方公里，占全国总面积的12.3%，在全国省区中面积仅次于新疆和西藏，居第三位。在这广阔的地域上居住着蒙古、汉、回、满、达斡尔、鄂温克、鄂伦春、朝鲜、俄罗斯等诸多民族的人民，其中蒙古族是自治区实行区域自治的民族。

内蒙古地区主要是高原地带，大部分地区均在海拔1000米以上，这里有东北部的呼伦贝尔高原、北部的锡林郭勒高原、中北部的乌兰察布高原、西部的巴彦淖尔至阿拉善高原、西南部的鄂尔多斯高原。

内蒙古的戈壁、沙漠早已闻名于世。阿拉善高原的巴丹吉林沙漠是我国三大沙漠之一，巴彦淖尔到阿拉善高原的腾格里沙漠、巴音温都尔沙漠、乌兰布和沙漠、鄂尔多斯高原的库布其沙漠都是举世闻名的荒漠景观。

内蒙古是一个多山脉的地区。历史地理学家亦邻真教授对内蒙古地区的主要山脉有这样的描述：纵贯自治区东半部的大兴安岭、横亘中部的阴山山脉和西南部的贺兰山脉。这些山脉山岭绵亘，延续不断，长达2600多公里，形成了内蒙古高原的地貌脊梁。大兴安岭以洮儿河为界，分南北两段，北段约长670公里，有伊勒呼里山、雉鸡场山等，南段又称苏克斜鲁山，长约600公里。阴山山脉包括大青山、乌拉山、色尔腾山和狼山。贺兰山脉长270公里，主峰达胡洛老峰高3556米，是内蒙古最高的山峰。

内蒙古有许多河流。黄河自宁夏石嘴山流入内蒙古，又从内蒙古准格尔旗榆树湾流出内蒙古辖境，这段干流长达 830 公里。黄河大小支流在内蒙古鄂尔多斯高原、河套平原和土默特平原上有乌加河、昆都仑河、大黑河、浑河、乌兰木伦河、红柳河等等。中部地区有永定河的上游和滦河的支流。正蓝旗境内的上都河就是滦河的上游，长约 254 公里，元上都遗址在上都河北岸。在东部区辽河上游西辽河的主要支流都在内蒙古赤峰和通辽地区。嫩江是内蒙古东部最大的河流，它的重要支流都在内蒙古东北部。黑龙江的上段额尔古纳河，长达 540 公里，经呼伦贝尔草原西部和北部蜿蜒汇入黑龙江。

内蒙古地区具有世界上罕见的富饶的天然牧场，这里的草原像亚欧中部和南美洲、北美洲的草原一样，都是极好的畜牧基地。它在我国五大草原中居于首位，面积达 88 万平方公里以上，超过全区土地面积的 74%。当春光明媚的季节来临时，这里的草原分外美丽，在蓝天白云的下面，一碧千里，无边无际。

在内蒙古一望无际的大草原中间，既有明镜似的大湖，也有星罗棋布的小泊和碧水澄清、芦苇丛生的海子。呼伦湖是内蒙古最大的淡水湖，蒙古语称之为“达赉诺尔”，意为海湖，面积 2200 平方公里，盛产多种鱼类。还有一个贝尔湖，蒙古族称这两个湖为姊妹湖，呼伦贝尔草原即因这两个湖而得名。此外，还有河套平原的乌梁素海、哈素海，察哈尔草原的岱海和黄旗海等海子，克什克腾旗的达里湖，锡林郭勒草原的库勒查干淖尔、额吉淖尔，额济纳旗的居延海（嘎顺淖尔和索果淖尔）等等。

内蒙古的高原地带有广阔无际的平原，内蒙古著名的两大平原即河套平原和土默特平原。自清代以来，尤其是中华人民共和国成立以来，在这两个平原上开辟沟渠，引黄灌溉，形成著名的“塞上谷仓”。此外，内蒙古大兴安岭中段的松嫩平原属于草甸草原或森林平原，发育着肥沃的黑土，适于畜牧和耕作。

在内蒙古有着丰富的矿产资源。很长时间里，“东林西铁，遍地是煤”，这是内蒙古人形容家乡自然资源的引以为自豪的赞美之词。所谓“东林”，是指内蒙古东部呼伦贝尔境内大兴安岭的林区。大兴安岭是内蒙古的绿色宝库，它南起松辽平原，北抵中俄边境，纵横1400多公里。这里有童话般波澜起伏的原始森林，生长着银白色的白桦树，高达30米的“兴安落叶松”，内蒙古人自豪地称：“兴安岭上千般宝，第一应夸落叶松。”兴安岭是落叶松的海洋。所谓“西铁”，是指内蒙古西部包头至白云鄂博，集宁至二连浩特两条铁路沿线的黑色金属矿产之一的铁矿资源，它是钢铁工业的基本原料。包头地区的矿产资源丰富，白云鄂博矿是座举世罕见的多金属共生矿床。铁储量占内蒙古自治区总量的一半，为包钢主要原料；稀土储量居世界首位，被誉为世界“稀土之乡”，为包头钢铁稀土公司的原料基地。所谓“遍地是煤”，是指内蒙古地区煤炭资源分布广泛，煤炭储量8000亿吨。集中分布在呼伦贝尔、通辽、锡林郭勒、赤峰和鄂尔多斯等盟市，几个大煤田的储量占自治区总量的95%以上。上述地方的煤田厚度大，埋藏浅，易于露天开采，国家5大露天煤矿的4个就在其中。东胜煤田的精煤和阿拉善盟的无烟煤（太西煤）以质优著称于世。此外，内蒙古天然气储量1.67万亿立方米，煤层气储量10万亿立方米，石油储量6亿吨以上。风能可开发量占全国一半以上，目前风电装机1670万千瓦，居全国首位。光能资源居全国第二位，稀土储量居全国第一。内蒙古有耕地1.07亿亩，人均4.4亩，居全国首位，牛奶、羊肉、山羊绒、细毛绒等特色优势畜产品产量多年来居全国第一位。

在我国历史上，内蒙古地区是一个有许多北方少数民族聚居，创造了丰富多彩的草原文化的地区。经过多年研究，我们提出的草原文化同黄河文化、长江文化一样，是中华文化的主源之一，是其重要组成部分，是其发展的重要动力源泉的基本观点，已经得到各界的认同。内蒙古是中国北方草原文化主要发祥地和传承地，在历史的长河中，北方众多的草原民族在这里一个接一个地演出了有声有色的历史剧，对中国历史和人类文化宝库做出了重要贡献。旅游业是反映和展现历史文化宝库的一个窗口，从这个窗口我们可以看到昔日富有特色的文明史，独具魅力的人文景观，雄伟壮丽而奇秀多姿的大自然，丰富多彩的各民族文化的交往、渗透及其内涵。具体到草原文化的荟萃之地内蒙古来说，文化宝库的这个窗口不仅重要，而且最直接反映了内蒙古草原文化的丰富内涵。所以我们说，它确有得天独厚的诱惑力。2013 年 3 月内蒙古自治区党委确定的“8337”发展思路中，提出要建设“体现草原文化、独具北疆特色的旅游观光、休闲度假基地”，为内蒙古旅游业的发展指明了方向。我们编写这套《内蒙古旅游文化丛书》正是贯彻、响应“8337”发展思路，助推内蒙古文化旅游大发展的一个重要举措。

古人说：“读万卷书，行万里路。”对古人来说“行万里路”是非常艰难的事，然而对今天的人类而言行万里路已不再是困苦之事。今天，旅游已经成为人们生活中不可或缺的内容之一。在我国历史上，许多中原地区的官员、学者、文人墨客以及西方探险家们，都曾怀着各种不同的愿望，到内蒙古地区考察观光，并把他们的所见所闻记录下来，流传于后世。史学家把这些所见所闻的记录称之为“行记”，用今天的话来说也就是“旅行记”吧。毫无疑问这些“旅行记”是了解古代内蒙古地区历史文化遗产的珍贵史料。然而由于当时的条件，这些“旅行记”存在着历史时空的局限，流传面窄，一般读者很难看到；另外有些“旅行记”并非印本，只是一代一代靠传抄留世，所以讹误甚多，寻找和阅读均非易事，尤其对一般旅游爱好者来说，甚为不便。我们想，“读万卷书”和“行万里路”同等重要，不仅需要通过旅游——“行万里路”获得感性认识，而且需要通过读书获得理性认识。我们编著《内蒙古旅游文化丛书》的目的，在于尽可能深入挖掘和全面系统地整理内蒙古的旅游资源，更好地提供为内蒙古旅游业服务的新优佳旅游文化产品。当然，我们在编写过程中注意到，内蒙古素有“中华文明曙光升起的地方”、“北方游牧民族的摇篮”的美誉，承载了内涵丰富、特色浓郁、建构完整的草原文化，所以，丛书特别注意了历史与现实主旋律的有机结合。因为在内蒙古这块土地上生活的各民族人民的历史活动是中华民族历史的一个重要组成部分，蒙古民族的历史活动，对于世界历史产生了巨大、深远的影响。正因为有如此恢弘的历史，在他们悠久的文明史上产生了多元、多层次的文化积淀形态，这种文化积淀形态直到今天仍然是中华民族优秀传统文化中最具魅力的文化瑰宝之一。

为此，《内蒙古旅游文化丛书》的内容，依然以内蒙古地区是中国北方草原文化发祥地、传承地这一历史特色为主，将与草原文化相关的人文景观、自然景观、名胜古迹、风物民俗等方面分成十三个专题，以专题分册，图文并茂，专述专论，以此呈现内蒙古各民族历史文化之真实，以飨读者。

《内蒙古旅游文化丛书》是 2002 年提出并实施编著工作的，作为内蒙古社会科学院年度重点课题之一，其倡议者是时任内蒙古社会科学院院长刘惊海教授。这套丛书的总设计和策划归功于他。该丛书由内蒙古人民出版社在 2003 年出版后，产生了良好的社会效应。2012 年，经内蒙古人民出版社与内蒙古社会科学院商定，予以重新编撰出版。参与初版编写和新编丛书的作者群，以内蒙古社会科学院的中青年学者为核心，同时邀请了内蒙古大学、内蒙古财经大学、内蒙古自治区民委、内蒙古文物考古研究所、呼和浩特市人大常委会和呼和浩特博物馆等单位的数位专家学者参与。此次《内蒙古旅游文化丛书》的新编部分分别由一位或几位作者执笔，这些作者都是在各自学科领域中有专长、有建树的专家学者。为了丰富本丛书内涵，这些作者以可信的历史资料为凭据，涉猎中外游记、考古方面的众多文献，并佐之以深入实地调查、民间采风，从而使之成为融历史真实性与科学性、知识性与趣味性为一体的旅游文化读物。本丛书坚持普及与提高相结合，并加入触景生情引发出的民间故事、神话传说与人物典故，从而达到扩大旅游者对内蒙古的感性认识和理性认识的目的，成为旅行者随身携带的导游手册，成为放入行囊带给亲友的一份厚礼。我们认为，这是此套丛书的独到之处。当然，由于时间仓促，水平有限，丛书中也许会存在一些问题，如，在旅游知识的深度和广度，内容的相互衔接，表述风格的一致等方面，尚有待于提高。

新编《内蒙古旅游文化丛书》是首次出版发行的以内蒙古地区历史和文化为主要内容的旅游文化丛书。我们编写这套《内蒙古旅游文化丛书》，既是为了满足当前国内外旅游业蓬勃发展的需要和旅游者的渴求，也是为建设内蒙古体现草原文化、独具北疆特色的旅游观光、休闲度假基地做一份贡献。我们希望这套丛书，能够成为海内外广大旅游爱好者，包括内蒙古自治区各旅游景区导游工作者在内的旅游系统从业人员，以及高等院校、中等专业学校旅游专业的师生等广大读者喜爱的读物，我们认为这是极有意义的工作。我们作为本套丛书的主编，感到十分荣幸。受到内蒙古人民出版社和丛书诸位编著者的委托，当这套丛书新编出版之际，写了上面一些话，权以为序。

马永真　乔吉

2013 年 11 月于内蒙古社会科学院

前 言

本书是在2003年内蒙古人民出版社《来自森林草原的人们——达斡尔族、鄂温克族、鄂伦春族风情》之“兴安岭上闪烁的白桦林——鄂伦春族风情”的基础上重新撰稿的。

兴安岭之美、之壮阔，终将带着你从漫无边际的绿色飘向沉沉的远古。

在这里，温柔的阳光透过树叶，林间瞬时斑斓起来，漫天的雪花纷扬在莽莽山岭间，飘洒着北中国的浪漫。这不禁让人怦然心动，是我们发现了兴安岭的坦荡温馨呢，还是兴安岭发现了我们的孤寂无奈？在喧嚣杂乱的都市里生活，在塞满信息和人情网的办公室思考，在混充着废气与粉尘的街上行走，这时，你一定会想起一个亲爱的词：绿色……

兴安岭默默无语，不在乎大家的赞叹和忘却，年复一年地用繁盛的存在和坦诚的奉献去印证着生命的宏大与不息。兴安岭是什么呢？这一方净土，不正是现代人不经意撒手失去而又千方百计试着觅回的理想家园，难道不是吗？

在这里，你一定会特别想看看嘎仙洞。一个家喻户晓的传说故事表明了这个在兴安岭比较少见的洞与鄂伦春人的关系。力大无比的嘎仙在众神的帮助下恶战多个回合，终于战胜了九头魔鬼满盖，从此鄂伦春人过上了安稳的日子。而在1980年7月，兴安岭多雨夏季的一个下午，中国考古学家在此发现了石刻祝文。嘎仙洞位于一道花岗岩峭壁上，洞口西南向，离地25米，西壁有隶书铭文，竖写19行201字，字形古朴苍劲，为北魏太武帝太平真君四年（443年）遣大臣李敞所刻，内容与《魏书》等史书记述相符。

拓跋鲜卑是我国世居北方的古代民族，嘎仙洞时代过着狩猎生活。公元386年，他们杰出的首领拓跋珪建立魏国，史称北魏。北魏建立后，孝文帝以朝廷的命令要求与汉族通婚，学习汉族文化，逐步定居开始农耕。这个改革促进了我国北方地区的经济发展，促进了各民族的相互融合。拓跋鲜卑是中华民族历史上第一个入主中原的少数民族，从此，中国历史有了少数民族的印记，成为各民族参与缔造中华民族共同文化的标志，为我国多民族国家的形成和发展做出了贡献。在这里，我们看到的是马背王朝的光辉凝聚着的，他们由山林而草原，最终入主中原的勇气、智慧和毅力。

鄂伦春族从古至今游猎在祖国东北大、小兴安岭中，现在主要居住在内蒙古自治区和黑龙江省。在鄂伦春族聚居的地方建立了鄂伦春自治旗、扎兰屯市鄂伦春民族乡、黑河市新生鄂伦春民族乡、逊克县新鄂伦春民族乡、新兴鄂伦春民族乡、呼玛县白银纳鄂伦春民族乡、塔河县十八站鄂伦春民族乡、嘉荫县胜利鄂伦春民族村。

据2010年第五次全国人口普查，中国有鄂伦春人8196人。

鄂伦春语属阿尔泰语系，通古斯语族，北通古斯语支。鄂伦春族没有文字，有本民族语言，狩猎方面的词汇非常丰富。

鄂伦春族信仰萨满教。

17世纪中叶以前，鄂伦春族生活在贝加尔湖以东，黑龙江以北，直到库页岛的外兴安岭地区，大、小兴安岭是他们在1689年9月中俄《尼布楚条约》签订后的家园，鄂伦春人世世代代过着“土地旷阔，人民散居，无市井城郭，逐水草为居，以射猎为业”的生活。

被冠以“兴安岭猎神”之称的鄂伦春民族在漫长的生活实践中，创造了独具特色的文化，兽皮、桦树皮在鄂伦春人的手里即刻能够成为工艺品，他们缝制的皮衣结实又美观大方，在前胸后胸皮接头的地方和开叉的地方，都绣有花纹；桦树皮制作的桶、篓、箱等各种用具也雕刻着花纹，既漂亮又有特色，这些花纹大都参照了森林中花卉、藤蔓的形状和颜色，鄂伦春人对云卷纹、几何纹也有独到的运用。今天，民间故事、神话传说、舞蹈、绘画、兽皮工艺、桦皮艺术等民族文化被多方面发掘整理；迁徙、采集、渔猎、饮食、婚恋、敬火神、吹鹿哨、燃篝火等与狩猎文化息息相关的内容，以艺术形式让民族文化大放异彩。如今的篝火节、古伦木沓节、森林文化节成为与前沿思想撞击、客商云集、商机汇聚的舞台，成为知名度颇高的文化品牌。现在，已有国家级非物质文化遗产项目 3 项，黑龙江省、内蒙古自治区级项目 23 项；国家级非物质文化遗产项目代表性传承人 3 位，黑龙江省、内蒙古自治区级传承人 24 位。

近年来，通过举办艺术节、民族文化研讨会，制作鄂伦春语教学动漫光盘、录制编辑鄂伦春语词典、收集整理原生态的民间歌舞艺术等多种形式，抢救即将消失的民族文化，并采取非物质文化遗产项目进课堂、进社会、进社区、进家庭的方式，促使着民族文化的传承与保护得以实现。

鄂伦春人的坚忍、宽宏、悲悯、洒脱、学习、放弃，接触了他们后你会时时感受到的。是什么让他们做到这样？是直面生命的狩猎生活，是感恩大自然的猎人精神，是尊重客观和发展的民族风范。鄂伦春人的民族特性不仅仅来自千百年间的兴安岭游猎智慧，不仅仅来自遵从和感恩的“集体一合作一公平”的社会原则，还来自于他们似有似无的历史联系——建立北魏的拓跋鲜卑曾经与他们共同生活在兴安岭地区。

人类的想象力、创造力和科学技术，为自己提供了繁衍生息的可能，为了生存，我们在最大的限度里改变着地球。中国经济在过去的30年飞速发展，增速始终接近或超过两位数。但这只是货币的一面。就像中国作为经济大国崛起的速度和规模在历史上无与伦比一样，今年突然发生的雾霾，使中国的污染问题也突破了既有的先例……整个世界关注着这个国家正在发生的一切。在这里，鄂伦春文化以“敬畏自然而遵从自然”的人文理念，把泛北极族群文化以概念化、法则化的方式实现在中国兴安岭。我们看到所有住在圆锥形住屋，鄂伦春人式的“斜仁柱”里的人们，信仰萨满教的人们，共同捍卫了这片净土的神圣和高尚，这也是他们的文化给予世界的提示。

在这里，鄂伦春人实现了进入社会主义的重大变化，1951年，建立鄂伦春自治旗，1953~1958年间，鄂伦春人陆续定居，完成了游猎民族的历史。一个民族的生存适应，都会因为疾步、准备不足而出现乏力，或者力不从心，但在现代化的进程中，鄂伦春人民正进入新的发展轨道，克服种种困难，追赶着时代，努力着、奋斗着！

白 兰

2013年11月29日

目　录

驰骋在高山密林间 ……………………………………1
历史幽静的后院 ………………………………………9
让人心魂牵绕的兴安岭……………………………23
一个狩猎词汇最为丰富的语言……………………41
骏马、猎枪伴随的山林岁月………………………47
古朴典雅与狩猎生活的需要相互辉映……………76
兴安岭特有的山珍美味……………………………91
“斜仁柱”撑起的天地 …………………………103
深山密林里的桦皮船和滑雪板 …………………109
镶嵌在绿色中的彩虹之路 ………………………116
深情的祝福和深切的怀念 ………………………126
烈烈篝火旁生命的述说 …………………………138
山林中如雾般的歌舞 ……………………………150
鄂伦春人也有几天几夜唱不完的史诗 …………163

竞技是马背民族释放情感的重要的仪式性方法 ……172
以生产生活经验治病的人 ……182
飘溢着吉祥的时光 ……190
今日鄂伦春——奋力追赶着时代 ……197
后记 ……217

驰骋在高山密林间

CHICHENGZAI GAOSHAN MILINJIAN

高高的兴安岭
一片大森林
森林里住着勇敢的鄂伦春
一呀一匹猎马
一呀一杆枪
獐狍野鹿满山遍野
打也打不尽

白兰提供

这首自上世纪50年代起广为流传的节奏欢快、曲调优美的《鄂伦春小唱》，就是头戴狍头角帽，身着狍皮衣裤，脚穿鹿腿皮靴，骑着骏马，身背猎枪游猎在森林中，勇敢坚强、淳朴善良，被誉为“兴安岭王者”和“森林的骄子”的鄂伦春民族的真实写照。

黑龙江其上游额尔古纳河环抱于大、小兴安岭的北面和西面，这是我国与俄罗斯的界河。嫩江蜿蜒向南，流入松辽平原，多布库尔河、甘河、奎勒河、诺敏河、毕拉河和绰尔河发源于大兴安岭东麓，从西南汇入嫩江。这些河流构成许多峡谷，在峡谷之间造成宽广的冲击盆地，土地肥沃、草木丰茂。

兴安岭是内蒙古自治区东北部及黑龙江省北部山脉的总称。略呈弧形，西为大兴安岭，北为伊勒呼里山，东为小兴安岭。是我国目前最典型、最完整的原始寒温针叶林分布区之一。兴安岭河流纵横，湖泊密集，峡谷上时有瀑布飞流而下。兴安岭以千姿百态的自然景观以及多种多样的文化类型成为世界的自然和人文财富。

冯训林　摄

在漫长的历史岁月中，在与兴安岭唇齿相依的狩猎生活中，鄂伦春族形成和创造了独特的衣、食、住、行等物质文化，以及别具风格的风俗习惯、文学艺术、伦理道德等精神文化和森林民族独有的萨满教信仰。

鄂伦春族主要居住在内蒙古自治区和黑龙江省。1951年，成立了鄂伦春自治旗，同时，在鄂伦春族人口较多的聚居区成立了扎兰屯市鄂伦春民族乡、黑河市新生鄂伦春民族乡、逊克县新鄂伦春民族乡、新兴鄂伦春民族乡、呼玛县白银纳鄂伦春民族乡、塔河县十八站鄂伦春民族乡、嘉荫县胜利鄂伦春民族村。

另外，“索伦”是明末清初出现的名称，系黑龙江地区的土著民族。据史料记载,明末清初便已出现所谓“索伦部”之称，当初是数个民族的合称，“不问部族概称索伦，而黑龙江人居之不疑，亦雅喜以索伦自号说者，谓索伦骁勇闻天下，故借其名以自壮”[1]。许多学者认为，所谓索伦部，包括鄂温克、达斡尔和鄂伦春族。当初，上述三个民族总是以“索伦部”的名称出现于史籍。据清朝档案记载，1732年，清朝从布特哈地区抽调1600索伦兵丁，携带家属驻防呼伦贝尔草原。1763年，清朝政府又决定派索伦部驻防伊犁，分两次历时一年多，1022名索伦官兵连同眷属共3860人抵达新疆伊犁。但是，今天的呼伦贝尔和伊犁驻防的后人中没有鄂伦春人，是当时被派去的人较少而所有兵丁全部战死疆场，还是在近300年间融入了鄂温克族，现在学术界还没有得出权威考证。

鄂伦春族人口较少，1953年全国人口普查为2256人，1990年为6965人，2010年为8196人。关于鄂伦春族的历史人口，可考文字不是特别精确。清朝文献中关于鄂伦春人口的记载，按史学界大多采用俄罗斯学者伊亚铁夫的推算方式，对清朝时期旗人人口的统计方法为：“八旗兵丁乘以9。”以康熙年间的奏折为例，“鄂伦春族、

[1] 秋涛．朔方备乘（卷2）

毕拉尔[1]共有男丁六百六十四名，其中死亡男丁七名外，应收貂皮六百五十七张”[2]。可以推测当时鄂伦春人口应该有6000人左右。另据1915~1917年俄国著名的通古斯学家史禄国的调查材料“兴安岭一带950人，墨尔根地方430人，毕拉尔路899人，库玛尔路[3]1832人，共计4111人”。[4]

“鄂伦春”是什么意思呢？

即“山岭上的人们”之意。“鄂伦（u:re）”意为“山岭”；“春(qian)”在鄂伦春语中是方位词，意为“……地方的人”。

另一说是，由于鄂伦春人很久很久以前曾经驯养过驯鹿，所以大兴安岭的鄂伦春人认为族名有“有驯鹿的人”的意思。“鄂伦（o:run）”意为驯鹿，“春(qian)”为“有……”之意。的确，在“鄂伦春”的鄂伦春语发音上有些不同。

最早出现文字记载“鄂伦春”，是在清朝天聪元年（1627年）的奏折和以后的文献中，写为“俄乐春”、“俄尔吞”、“俄伦春”，以及有关鄂伦春事务的记载，写着“毕拉尔”、“玛涅格尔”等等。元朝的文献中把兴安岭地区游猎的人，都叫做“林木中百姓”，包括鄂伦春人。

鄂伦春族有独立语言，属阿尔泰语系，满——通古斯语族，北通古斯语支语言。由于鄂伦春族是狩猎民族，词汇中关于狩猎和动植物

---

[1] 毕拉尔，为鄂伦春族的一个部落，也是清朝时路、佐建制中的1路，即毕拉尔路。这部分鄂伦春人现定居在黑龙江省逊克县。

[2]《清代鄂伦春族满汉文档案汇编》，第547页，民族出版社，2001年。

[3] 库玛尔路，为鄂伦春族的一个部落，也是清朝时路、佐建制中的1路。这部分鄂伦春人现定居在黑龙江省塔河县和内蒙古鄂伦春旗古里乡。

[4] 史禄国《北方通古斯社会组织》，吴有刚、赵复兴、孟克译，第174~181页，内蒙古人民出版社，1984年。

白兰提供

的名称、形态，以及形容词都非常丰富和完整。

17世纪中叶以前，鄂伦春族生活在贝加尔湖以东，黑龙江以北，直到库页岛的广大地区，1689年中俄《尼布楚条约》以后，鄂伦春人逐渐南迁，游猎到现在居住的黑龙江南岸的大、小兴安岭地区。

鄂伦春人很小就开始学习弯弓射箭，七八岁时父亲领着打猎，从此便可以使用弓箭射猎飞禽和小兽，到了十七八岁，小伙已经磨炼成百发百中的猎人。这也是在清朝时，鄂伦春八旗兵为了保家卫国在战时招之即来，来之能战，战之能胜的原因。鄂伦春将士参加了平定准噶尔部的分裂叛乱、抗击沙皇俄国侵略，还受清廷派遣远征云南、台湾，后来随索伦部驻防呼伦贝尔、新疆等地。

1931年“九·一八”事变，日本侵占东北地区后，对鄂伦春族采取了“不开化其文化，持续其原始生活，不使其归农，当特殊民族实行隔离”的政策。在经济上实行“统制”和“配给制”，给鄂伦春人带来了深重的灾难。

日本人的残酷统治激起了鄂伦春人的强烈反抗。特别是抗联队伍进入大、小兴安岭地区后，向鄂伦春人民宣传抗日救国的道理，宣传党的民族政策，使鄂伦春族的抗日斗争从自发到自觉，从个别零散到有组织的斗争。

清末民初，在鄂伦春地区采取了“弃猎归农”的政策，试图让鄂伦春族定居下来，但由于当时特定历史条件的影响和尚能游猎的自然情况，鄂伦春人没有定居的主观愿望，弃猎→定居→归农是朝廷的一厢情愿。这次定居只维持了几年，便以失败告终。而鄂伦春族的游猎生活持续到20世纪50年代，定居后也有狩猎生产，直到1997年，或者再晚几年。

中华人民共和国成立以后，鄂伦春族和鄂伦春社会发生了巨大变化。1951年鄂伦春自治旗成立，鄂伦春族成为最早实现民族区域自治的少数民族。鄂伦春自治旗和民族乡的建立，是以原来的氏族、“乌力楞”[1]为基础，把分散在密林深处的多个氏族、部落集合起来整合于旗、乡等行政机构中，对鄂伦春族成为现代意义上的“民族”起了非常关键的作用。这是鄂伦春族参与国家政治的标志性事务，体现了中国各民族政治上的平等和以政体方式参与国家管理和建设的制度。

1950年之前，据不完全统计，大约有150余个“乌力楞”在大、小兴安岭地区的几十条河流流域游猎。在现代人眼里“乌力楞”式游猎生活是漂泊不定的，为了改变这种状况，同时也为了促进鄂伦春族全面发展，政府安排鄂伦春人定居。由游猎而定居，是鄂伦春族历史的重要转折。1953~1958年，政府安排各流域鄂伦春人定居，通过定居鄂伦春族改变了传统的生产、生活方式。党和政府派出干部深入细致地做“定居”的动员、说服工作。当时，仅黑龙江流域的“乌力楞”就有51处，300户左右。那时，鄂伦春族游猎之地是山高林密，

[1] 关于“乌力楞”请见下文

白兰提供

无任何公路、铁路，只有步行或骑马才能靠近他们。在各级政府和各民族干部的动员、说服下，在鄂伦春人民的共同努力下，终于定居了。

黑龙江鄂伦春族分别在10个定居点定居，国家拨款11万，猎民自筹9万，建筑"木刻楞"房屋320座，800余间。内蒙古鄂伦春族在6个定居点定居，建土木结构房屋213间，国家拨款9.4万元。

定居后，国家提出了"护、养、猎并举"的方针，鄂伦春族猎民在狩猎的同时，开始捕鹿养鹿，建养鹿场。鄂伦春人十分熟悉和热爱这片养育了他们的大森林，政府充分照顾到鄂伦春人对森林的情感，发挥他们的优势，同时组织了猎民护林队，规定防火期时巡山防火，猎民称为出"外站"，在兴安岭的护林防火中，鄂伦春族猎民护林员起到了很大作用。定居60多年后，猎民成为农场主，开办了家庭农场，不再是猎民了，还有许多鄂伦春人成为国家公务员、工人、军人、教师、医生、学者、艺术家等等。

鄂伦春族从游猎到定居，从单一的狩猎生产到从事农业生产和多种经营，鄂伦春人正在转变。20世纪60年代起，国家开始对大、小兴安岭的森林资源进行开发。一时间成千上万的林业职工进入林区，山谷里开始盖房建城，道路纵横，马达轰鸣，加之马鹿等猎物成为国家保护动物，鄂伦春族猎业生产的环境逐渐变化。到了20世纪末，1996年1月23日，鄂伦春自治旗召开了禁猎大会，颁布实施《关于禁止猎捕野生动物的布告》，从此，鄂伦春人的狩猎生活宣告结束。

禁猎，对于鄂伦春民族来说，是一次痛苦的抉择，但是为了国家利益，为了跟上工业化为标志的现代化的步伐，鄂伦春人放下了心爱的猎枪，放弃了以此为生的狩猎生活。

定居和建旗60年来，鄂伦春族地区的经济实力得到前所未有的增强，民族文化得到保护和发展，民族教育成绩斐然，鄂伦春民族正以崭新的姿态，在国家发展和时代飞速发展的新世纪，探索着走向未来。

白兰提供

历史幽静的后院

LISHI YOUJINGDE HOUYUAN

鄂伦春族的游猎生活并不是在茫茫的大森林中漫无边际地游动，而是有相对固定的范围和一定的规律。他们一般以氏族为中心，以“乌力楞”为单位，在一条或几条河的流域，方圆几十公里或者几百公里的范围内活动。鄂伦春人冬季的住地比较固定，春、夏、秋季则要跟随狩猎对象栖息地的不同而迁徙。

如果用民族学的概念考证，“莫昆”相当于“氏族”，通俗点解释的话，“莫昆”应该是一个“姓氏”单位。“莫昆”由若干个“乌力楞”构成，而“乌力楞”是同一父系血统的3~5户、祖孙3~4代人及家庭组成的游猎组织。通常，鄂伦春人的生产、生活主要在“乌力楞”内进行。

白兰提供

氏族与现在姓氏

各地鄂伦春人有汉姓的时间不太一致，有的是在民国时期，有的则在60年前的定居以后。在1950年代调查时，有老人说，鄂伦春的姓是皇帝所赐。由于鄂伦春族没有文字，只能在老人的讲述中了解一些久远的信息，这些还有可能是传说。

鄂伦春族原来的氏族，后来成为汉写姓氏的依据。

玛哈（卡）依尔和玛拉依尔，汉姓写为孟。莫拉呼日和玛拉库日，汉姓写为莫。吴恰尔坎，汉姓为吴。葛瓦依尔，汉姓为葛。古拉依尔，汉姓为关。魏拉依尔，汉姓为魏。柯尔特依尔，汉姓为何。阿其格查依尔，汉姓为阿。白依尔，汉姓为白。毛考依尔，汉姓为毕。卡日基尔，汉姓为韩。恰克其尔，汉姓为陈。尼日基尔，汉姓为李。杜宁肯和杜那基尔，汉姓为杜。毛考依尔、卡日基尔、恰克其尔、尼日基尔、杜宁肯和杜那基尔，这些氏族人口一直不多。1950年代的社会历史调查时，老人讲玛哈（卡）依尔和玛拉依尔曾经是同胞兄弟关系，后来玛哈（卡）依尔氏族人口逐年增加，给通婚造成困难，于是兄弟俩商量把玛哈（卡）依尔分开组成新的氏族，就有了玛拉库日氏族。老人说分家要举行仪式，要邀请其他氏族的代表参加，仪式上杀牲祭天，煮肉摆酒，通过仪式正式宣布从此分开，成为为两个氏族。老人们还说，新老氏族间不能马上有婚姻关系，因为血缘还很近。柯尔特依尔和白依尔的情况是：柯尔特依尔由那旦千、车车依尔千、格依尔满千、红改达千组成；白依尔由布勒吉依尔千、昭伦千、敖伦千、查拉邦克千、乌永那千、乌库萨依尔千组成。“千”是“……的人们”之意。

佐领

佐领称为“章京”，来自满语。

作为北方少数民族，鄂伦春族和满、鄂温克、赫哲、达斡尔等民族有着千丝万缕的联系。满族入关建立清王朝的时候，鄂伦春族参加了清朝的征战，鄂伦春猎人成为骁勇善战的索伦部一员。

清朝把鄂伦春纳入八旗制，以路、佐来管理鄂伦春事务，承担着纳贡和服兵役义务。编入八旗成为兵丁的鄂伦春人被称为“摩凌阿俄伦春”，意思是“马鄂伦春”，也叫“使马鄂伦春”，鄂伦春的马还是朝廷为了征战发的。还有只为朝廷纳贡的猎民，他们散居山野，被称为“雅发罕俄伦春”，意思是“步行鄂伦春”。

文献记载：“土著鄂伦春部落，分摩凌阿、雅发罕两种，其雅发罕在黑龙江以南，精奇里江以北射猎打牲。”[1]直到1858年不平等的《瑷珲条约》和1689年《尼布楚条约》签订后，我国黑龙江以北的大片土地落入沙俄手中，鄂伦春人再去以前的猎场狩猎受到阻碍。于是在“同治十年(1871年)将军特普钦奏请，于内兴安岭内外划分五路，以备调用，库玛尔河流域为库玛尔路，设佐领三；阿力河流域为阿力路、多布库尔河流域为多布库尔路，两路人稀事简，合设佐领一；托河流域为托河路，设佐领一；毕拉尔河流域为毕拉尔路，设佐领二。前四路属西布特哈，后一路属东布特哈”。[2]

此为五路之始。

编入路、佐以后，每个成年男人都要承担服兵役和纳貂的义务。每年每个士兵不但要交貂皮一张，而且还要集中起来进行训练。“所捕貂皮，辄为谙达诸人，以微物易去，肆意欺凌，不啻奴畜”。[3]当时任库玛尔路骁骑校的鄂伦春人烈钦泰，因鄂伦春人“受制益苦，浸成寇仇之势”，[4]挺身而出，联合各路鄂伦春人，要求黑龙江将军

---

[1][2][3]《黑龙江志稿》，见《达斡尔、鄂温克、鄂伦春、赫哲史料摘抄》，1961年，内蒙古少数民族社会历史调查组、中国科学院内蒙古分院历史研究所编，第114、152～157页。

[4]《清德宗实录》，见《达斡尔、鄂温克、鄂伦春、赫哲史料摘抄》，1961年，内蒙古少数民族社会历史调查组、中国科学院内蒙古分院历史研究所编，第655、657页。

白兰提供

文绪奏请撤销布特哈总管衙门，建立兴安城总管衙门专管鄂伦春人。于是，文绪于光绪八年奏请，在五月的上谕中说：

“据称鄂伦春族牲丁，向归谙达管束，受制甚苦，该人众精壮可用。该署将军等拟请撤去布特哈管辖，另为部落，设官添兵，编旗分管，俾安生业，并收劲旅，所筹甚是。”[1]得到批后，于光绪十年，“勘定岭右喀勒塔尔奇站(即四站)迤东十八里之太平湾(五路适中之地)为兴安城址，是冬，各衙署成，遂迁居焉。”兴安城设副都统衔总管1人；副总管10人，其中满族副总管2人，鄂伦春副总管8人。光绪十九年将军依克唐阿，以“建城专治，事无实效”而奏裁了兴安城。兴安城存在十几年，撤销后，“改设协领四员，分城经理”。[2]

其后对鄂伦春人路佐的管理体制为：在库玛尔路设镶黄、正

[1]《黑龙江志稿》，见《达斡尔、鄂温克、鄂伦春、赫哲史料摘抄》，1961年，内蒙古少数民族社会历史调查组、中国科学院内蒙古分院历史研究所编，第114、152～157页。

[2]《清德宗实录》，见《达斡尔、鄂温克、鄂伦春、赫哲史料摘抄》，1961年，内蒙古少数民族社会历史调查组、中国科学院内蒙古分院历史研究所编，第655、657页。

白、镶白、正蓝4旗8佐，添设协领一员；毕拉尔路设正黄、正红2旗4佐，添设协领1员，归瑷珲副都统管辖。阿里、多布库尔两路设镶红1旗2佐，添设协领1员，归墨尔根副都统管辖。托河路设镶蓝1旗2佐，添设协领1员，归呼伦贝尔副都统管辖。光绪三十二年，巡抚程德全为加强鄂伦春族工作，奏设各路协领衙门。库玛尔路协领衙门设在霍尔泌地方，该路设协领1员、佐领8员、骁骑校8员、笔帖式1员、领催32名、披甲468名。毕拉尔路协领衙门设在逊河和沾河汇流的上游地方，该路设协领1员、佐领4员、骁骑校4员、笔帖式1员、领催16名、披甲234名。阿里多布库尔路未设协领衙门，该路设协领1员、佐领2员、骁骑校2员、笔帖式1员、领催8名、披甲117名。托河路协领衙门设在扎敦毕喇雅克台东，西北流60里，左纳一水，即其居址，该路设协领1员、佐领2员、骁骑校2员、笔帖式1员、领催8名、披甲181名。

鄂伦春族地区4路8旗16佐的建制，一直延续到清末。

- 黑龙江将军萨布素
  - 东布特哈
    - 托河路
    - 库玛尔路
    - 阿里路
  - 西布特哈
    - 毕拉尔路
    - 多布库尔路

1911年辛亥革命后，鄂伦春族的路、旗、佐机构未变，把库玛尔路、毕拉尔路、阿里路多布库尔路归于黑龙江省督办公署旗务科管辖，托河路由呼伦贝尔副都统管辖。

纳入“八旗”，加强了鄂伦春民族内部以及与其他民族之间的联系，对于祖国统一、巩固族原和鄂伦春族的自身发展都具有重要的意义。

族源

关于鄂伦春族族源，学界有四种观点。

一说鄂伦春族的先民为丁零。[1]鄂伦春族即唐时的鞠部，鞠部的祖先很可能是黑龙江上游以北、贝加尔湖以东地区的丁零人。

二说鄂伦春族的先民最早应是肃慎。[2]不同的朝代延续为挹娄、勿吉、靺鞨、女真等。统一在金政权而被管辖的女真人，并没有全部加入满族共同体。满族主要是由建州女真、海西女真和早期被兼并后迁居浑河流域一带的野人女真组成。另一些边远地区未被编入旗籍、只向清朝纳贡的野人女真部落，后来成为今天的鄂伦春、鄂温克等族。

三说鄂伦春族的先民属于东胡系的室韦。[3]

首先，这些学者一致认为，鄂伦春族属于满一通古斯语族的语言，在我国古代族群中， 肃慎系及其以后的挹娄、勿吉、靺鞨、女真等是一脉相承下来的，他们都源于通古斯语族的各族群，这早已有定论。现在的问题是，还有不少学者认为，鄂伦春族源于室韦，而在学者的研究中室韦的语言属于蒙古语族，不是通古斯语族。根据是：《魏书·室韦传》称：“室韦语与库莫奚、契丹、豆莫娄同。”但在我国的古文献中，对室韦语言还有另外的记载。如在《唐会要》中称：室韦“语言与靺鞨相通”。在《新唐书·室韦传》上说：“其语言，靺鞨也。”在《通典》中也有类似的记载。根据这些记载，我

---

[1] 殷玖《鄂伦春族族源初探》，《学术交流》1989 年第 2 期。

[2]《满族简史》编写组编《满族简史》，第 2 页，中华书局，1979 年；杨保隆《肃慎挹娄合考》，第 285 ~ 286 页，中国社会科学出版社，1989 年。

[3] 冯君实《鄂伦春族探源》、赵展《对蒙兀室韦的质疑》、干志耿和孙秀仁《黑龙江古代民族史纲》、赵复兴《鄂伦春族简史》和《鄂伦春族游猎文化》。

白兰提供

们进行具体分析，基本情况是，室韦包括了不同语族群体，是一种泛称。它的组成既有蒙古语族的蒙兀室韦部族，也有北部室韦属于通古斯语族的部族。不能一概而论地认定室韦只属于蒙古语族或绝对肯定只有通古斯语族。当时的情况是中原地区的统治者和史官对边疆各族不是很了解，对各部族只能是一种大体的划分。由于此种原因，史学界和人类学界的学者多年多方面的考证后可以认定室韦确实包括了通古斯语族的族群。

其次，从相关记载中看，鄂伦春族的活动区域是在贝加尔湖以东，黑龙江以北地区。黑龙江上游，西汉时为鲜卑地，下游自先秦即为肃慎地。南北朝时，上游为室韦诸部，下游为黑水部。据谭其骧主编的《中国历史地图》“释文汇编东北卷”考证，室韦部的北室韦，在今嫩江上游地区至俄罗斯境内结雅河下游流域，钵室韦在俄罗斯境内札格达山附近，深末怛室韦在俄罗斯境内结雅河支流谢列姆扎河流域，大室韦在今额尔古纳河口以东，外兴安岭以南、黑龙江以北地区。这些地区正是元、明、清时鄂伦春族活动的区域。“室韦”是蒙古语“森林、树丛”的意思。这说明室韦与“森林”有关，当属于森林民族。因此元时称其为“林木中百姓”，清初称其为“树中人”。“钵室韦”的“钵”在通古斯语中是“外”的意思。“外室韦”，是指外兴安岭一带的人。

第三，从经济类型和物质文化看，鄂伦春族同室韦有很多相似之处。如从事渔猎经济，“以射猎为务，食肉衣皮，凿冰没水中网取鱼鳖。”[1]鄂伦春族直到20世纪90年代其经济生活仍然这样。

最早，他们曾经住在苔原森林中饲养驯鹿。唐朝《通典·鞠国》中就有记载：“鞠国在拔野古东北五百里……有树无草，但有地苔。无羊马，家畜鹿如中国牛马。”他们称驯鹿为“鄂伦”，“鄂伦春”有着“使用驯鹿的人”之意，在史籍和在鄂伦春民间的记忆中，直到17世纪中叶鄂伦春人迁到黑龙江南岸前都在使用驯鹿。另外，在其物质生活中还有两个特点，也同北部室韦族相一致。在《北史·室韦传》等文献中记载的“桦皮盖屋”、“骑木而行”，鄂伦春族直到1958年以前仍在使用桦树皮覆盖的住屋“斜仁柱”和滑雪板“亭纳”。

从上述三方面看，鄂伦春族族源与室韦之北室韦、钵室韦、深末怛室韦和大室韦有渊源关系。

四说鄂伦春族的族源与鲜卑的关系最为密切。[2]持这种观点的学者有《鄂伦春族文化研究》的作者白兰。之所以认为鄂伦春族与古代鲜卑有渊源关系，主要是今天的鄂伦春人有着与早期鲜卑人相同的习俗和鲜卑人早期生活相同的地域。习俗方面如，《文献通考》中这样记载了鲜卑风俗：“婿随妻至家，无尊卑……为妻家仆役一二

---

[1]《北史·室韦传》

[2] 白兰《鄂伦春族文化研究》，第363页，内蒙古教育出版社，2007年。

白兰提供

年间，妻家乃更厚遗送女。”鄂伦春族在“乌力楞”时期，没有儿子的家庭，其女婿通常在岳父母的“乌力楞”生活几年，以此报答他们对妻子的养育之恩和对娶走人家女儿的补偿。“敬鬼神，祠天地，日月星辰，山川及先大人有健名者”，“随痛病处以刀决脉出血及祝天地山川之神，无针药”，鄂伦春人生病时，通常请萨满跳神，萨满是请神灵来为病人治病，有的病则要以动脉放血来治疗。鄂伦春人的葬俗与文中记载的“俗贵兵死，有哭故之哀，至葬则歌舞相送……取死者所乘马、衣物，皆烧而送之”，通常庶人死了“死不墓……载尸入山中置于树颠，子孙死父母日夕哭，父母死则否，亦无丧期”，[1]非常相似。鲜卑人在“嘎仙洞时期”是以狩猎为生，被称为鲜卑石室的嘎仙洞中出土有石镞、骨镞等狩猎工具，还有大量的狍、犴（驼鹿）、马鹿、野猪等野生动物骨骼，却没有马、牛、羊等家畜骨骼。这时的鲜卑人如《文献通考》所记载的“聚木为屋”和“骑木而行”，就是前面提到的“斜仁柱”式的住所和鄂伦春人一直使用的滑雪板“亭纳”。相同生活地域方面在《魏书》中有记载，即1000多年前，北魏孝文帝拓跋焘谴使到嘎仙洞祭祖，并在洞壁雕有铭记。当时由于壑深林密，只有驯鹿（史书记载为瑞兽）开道才得以进入兴安岭腹地的嘎仙洞。

[1]《新唐书·列传》

鄂伦春族一直以来游猎的地域发生着有声有色的历史事件，鲜卑人曾经在兴安岭使鹿狩猎，[1]并纵马呼伦贝尔森林和草原之间，2000多年前逐鹿中原，促成了第一次震动中国历史的民族融合和民族文化的碰撞。再后来，蒙古大军崛起于兴安岭北部的额尔古纳河畔，铁马金戈纵横欧亚，使世界的文明进程得到改变。他们何以都能够走出森林，是由于使鹿而使马的发展，尤其马镫（史学界一说马镫是鲜卑人的发明，也有说是匈奴人的创造）的使用，这些历史上的族群必将走向森林之外的天地。鄂伦春族没有和祖先一道走上历史舞台，是家园需要守卫，还是在此后的时代，莽莽林海阻隔了鄂伦春人的脚步，富饶的物产留住了他们改变生活的冲动，都可以成为鄂伦春人至今仍在兴安岭游猎的解释。历史的结果是外面世界在轰轰烈烈地改朝换代，游牧、农耕、工业各显其能，并行、交叉、更替，而鄂伦春人的时空仍然停留在鲜为人知的世界里。那么，我们只能认为：从来没有达到万人人口的狩猎采集民，千百年间游猎于广袤的兴安岭深山密林里而生生不息的生命力，沿着数百条河流逐水草而居的特立独行的生活方式，证明这样的民族特质和文化特征只有这里才能产生。

历史学派的观点认为，文化现象极其复杂，每一种文化的形成都有生物的、地理的、历史的和经济的等诸多因素的影响。

叙述鲜卑后续历史的话，应当是中国历史非常重要的一章。拓跋鲜卑统一黄河流域建立北魏（包括东魏和西魏）王朝，之前慕容部在中原地区先后建立前燕、后燕、西燕、南燕政权，乞伏部建立西秦政权，秃发部建南凉国，宇文鲜卑的后人建立了北周王朝。以北魏为代表的鲜卑政权的功绩在于：在十六国大分裂之后，他们实现了中国北方的统一，形成南北朝对峙，使战乱不断的局面得到控制，国力和人民得到休养生息。可以认为，带着森林民族冒险精神和好奇意识的鲜卑人，纵马进入因农耕而封闭保守的中原后，带来的是北魏的经济

[1] 米文平《鲜卑石室的发现与初步研究》，《考古》1981年第2期。

发展策略和朝廷自觉的文化融合行为，为以后的盛唐奠定了雄厚的物质基础，成就了国家和人民的开放意识。

当嘎仙洞洞壁上的铭文在沉睡了1500年后被发现，注定要与千百年来游猎与此的鄂伦春人有了关系。

作为族源研究，应该有史料或者碑刻记载，或者文物出土来做历史证明。关于鄂伦春族的记载是在清朝的档案和一些文献中才出现的。1500多年前的鲜卑人离开兴安岭时，他们并没有永远地离开的决策，不是揣测，那时的鲜卑人对外界基本上一无所知，稍稍强盛起来后，他们一定有探究外界的欲望和野心，但还不可能马上形成征服世界的远大野心。所以，可以肯定，他们不会一个不剩地离开祖地，留守者、为保存本族势力而选择性留下的壮丁们，或者老弱病残孕者，会留在森林里。他们应该是一直在兴安岭里狩猎的人，包括鄂伦春族。

无论何种说，其论据取向不外乎同一生活区域、相近的习俗和有相承关系的语言。

延伸阅读1

嘎仙洞的传说

很早以前，这里是一片原始森林，夏季，苍松翠桦浓荫蔽日，遍地野花盛开，灿烂似锦；冬季，皑皑白雪覆盖山林，一片银色世界，林海雪原中奔跑着各种动物，以狩猎为生的鄂伦春人，在这里过着和平、幸福的生活。没想到，一天一个躯体庞大、面目狰狞的吃人恶魔满盖出现在这里。它住在山崖上的山洞里，只要发现猎人走近，就伸出魔掌将人残害，受害者不计其数。勇敢的猎人为了消灭这个恶魔，多次上山和它格斗，但都由于它的妖术厉害而失败了。就这样一直博弈了许多年，猎人顽强的精神感动了嘎仙。嘎仙决心与恶魔比试，先比将洞口的一块石头搬走，结果恶魔输了，又比试箭法，嘎仙将远处山上的石头一箭射穿。满盖看到嘎仙的本领真厉害，逃之夭夭。人们

白兰提供

怕它再次返回森林，就在洞口立了一尊嘎仙石像。果然，恶魔三次过海眺望，看见嘎仙屹立的雄姿就不敢回来了。从此，鄂伦春人自由地在大兴安岭的丛山密林中打猎、生活。为了纪念嘎仙，人们把山洞称为嘎仙洞。

那个被嘎仙射穿的巨石，在阿里河镇东南10公里处的山顶上，石中有个月牙形的洞，鄂伦春人称它为“空迭”，意为“窟窿”。

站在洞中向外望去，兴安岭绵延伸向远方，林海莽莽，壮阔无际，嘎仙洞给予的心动和灵感确实有这么大的容量。

延伸阅读2

拓跋鲜卑

1500年前，北中国茫茫森林中有个叫鲜卑的游猎民族，在匈奴、乌桓相继入据中原后，他们崛起而紧跟其后。很快，科尔沁草原上的东部鲜卑兴起了宇文、段、慕容三大部。而实现统一鲜卑和北部中国并建立更大王朝的却是从兴安岭（即大鲜卑山）杀出来的拓跋部。

拓跋部，东汉时期从兴安岭迁徙至呼伦贝尔草原，遇大泽（后被史学家确指为呼伦湖）而停留。但是，他们在这里完成了从森林到草原，从游猎经济到游牧经济的转变。

拓跋鲜卑是“鲜卑父而胡母”之意，“胡父而鲜卑母”则叫铁弗鲜卑。

拓跋焘是北魏第三个皇帝，在位时从豆莫娄（夫余之后，一部迁嫩江东，又名达莫娄）那里，或者从乌桓（东胡的一支，亦称乌丸，战国以来常与匈奴、鲜卑联合骚扰燕赵北方沿边各郡。燕赵曾筑长城以御之。汉初附匈奴，武帝以后附汉，迁至上谷、渔阳、右北平、辽西、辽东五塞之外。建安十二年曹操征乌桓，以后辽东太守公孙康又击之，迁乌桓万余落入中原，部分留居东北，后渐与各地汉族和其他民族融合。语言与鲜卑同）那里了解到其祖先曾经的居住地兴安岭，于是遣使者以驯鹿开道千辛万苦前来深山密林里的祖地祭祖。

太武帝，名拓跋焘（公元408~452年），小字佛狸，北魏明元帝长子，明元帝病死后继位，在位29年，被宦官宗爱谋杀，终年45岁，葬于金陵。

拓跋鲜卑逐渐壮大和强盛起来，于东汉末年（公元258年）进入阴山南北地带。在今呼和浩特南的和林，公元386年拓跋珪被推戴为代王，同年改国号为魏，不再受晋朝封号。公元398年建都平城（今山西大同市），公元493年，魏孝文帝浩浩荡荡迁都洛阳。

鲜卑人走进了历史，也诠释了中国的部分历史，开放的精神和世界的品格将自己的政治、经济、文化迅速推向顶峰。鲜卑人用智慧做出了历史的选择，在呼伦贝尔完成了中国历史上的第一次民族融合和文化融合，在黄河流域完成了中国历史上第二次民族融合和文化融合。

当今世界，能给人们带来神秘感的事物似乎已经不太多了。鲜卑人用1500多年的时间，融合、吸收、征服了匈奴、乌桓、高车、氐、羌等不同民族，同时也完成了汉化过程，而这个强盛一时的民族就这样在历史的画页抹上一笔后无影无踪地消失了，令人难以置信而思索不尽。

漫步在鲜卑人曾经的故乡，我们常会感叹兴安岭的绵延伟岸，感叹莽莽林海的肃穆；感叹呼伦贝尔草原的广袤无垠，感叹从这里走出去的先民们用驯鹿和马走出的文化交流，带来的政治、经济、文化传播的强大动力。

鲜卑人给我们留下的宝贵财富难以言表，这个爱凿洞、爱塑神的鲜卑人，开凿了云冈石窟和龙门石窟，在敦煌千佛洞现存22个魏窟、麦积山石窟有魏窟30个、辽宁义县万佛洞6个石窟、甘肃永靖县炳灵寺极具特色的石窟群、河南巩县石窟寺等都有鲜卑人修凿的佛窟，其恢弘的气势，精美的雕刻艺术，征服了世界。

今天，我们甚至无法判断他们曾经使用过何种语言。但是，从他们在一个个石窟中雕凿的神像上，我们似乎感觉到了他们的神采，那狩猎民族特有的眼神，鹰隼般穿透数十个世纪也没能锈住的时间孔道，向我们炯炯注视。

敕勒川，阴山下，
天似穹庐，笼盖四野。
天苍苍，野茫茫，
风吹草低见牛羊。

不朽的歌谣《敕勒歌》，译成汉语仍使你那样动容，那鲜卑语的表达该有多美呢？

白兰提供

让人心魂牵绕的兴安岭

RANGREN XINHUN QIANRAODE XINGANLING

苍茫之下是千万年阳光与力量的聚集，是神秘与能量的化身。大兴安岭浩瀚的森林、平静或湍急的河流、静若处子的湖泊、绵延的山岭、漂浮的云朵、若隐若现的雾、漫坡满谷花的海洋、茫茫无际的雪原，编织着兴安岭的神秘和美丽。

大兴安岭位于中国东北，南起于热河高地(承德平原)，北迄黑龙江，东接小兴安岭，西北连蒙古高原，西南与阴山山脉首尾相抵，是蒙古高原和松辽平原的分水岭，也是其东侧辽河水系、松花江和嫩江水系与其西北侧的黑龙江源头诸水及支流的分水岭，山脉南段西坡

白兰提供

的水注入蒙古高原。全长1400公里，宽约200~400公里，总面积28万平方公里，是内蒙古自治区的主要山系，76.5%在内蒙古自治区境内。

大兴安岭西麓多波状丘陵地，东坡陡峻，河流湍急。多布库尔河、甘河、奎勒河、诺敏河、绰尔河从西向东流汇嫩江；河流切出好多峡谷，峡谷间有很多大大小小的林间草原。

有关大兴安岭名称，唐至辽名“金山”，元、明时期被称为“哈拉温山”，汉译为“黑赤山”，清时称“大兴安岭”，“兴安”系满语，意为“极寒处”，因为气候寒冷，故有此名。小兴安岭则与之相对。

大兴安岭是中国最北、面积最大的国有林区，是目前我国保存最完好，面积最大，集中连片且具有北极生态特征的原始森林。与俄罗斯、蒙古接壤的边境线长440公里。总面积为1067万公顷，占全国国有林区的11%。有林地面积为808万公顷，森林覆被率75.9%。活立木总蓄积量为6.8亿立方米。主要树种有兴安落叶松、樟子松、白桦、黑桦、山杨、柞树等。这里树木上亿株，生长着灌木、草类、菌类、地衣有720余种，各种哺乳动物50多种，两栖动物、鱼类数十种，野生浆果也极为丰富。山峰上万座，河流上千条，湿地上百块，是松嫩平原和呼伦贝尔草原的天然屏障，其森林生态系统的多样性和森林生物的多样性特点，对维护东北地区和内蒙古地区，以及中俄蒙周边地区的生态发挥着巨大作用。

大兴安岭地区直到1960年代仍开发不多。北部地区的开发始于20世纪初年修建的第一条横贯山区的铁路——从齐齐哈尔到满洲里的中东铁路。1931~1945年日本侵占东北期间，从中东铁路的南北各段又修建多条铁路进入兴安岭以便采伐木材和运输，其中最重要的是通往伊图里河以北的铁路。后来，这些铁路线往东延伸到了伊勒呼里山，这条山脉呈东西走向，连接着大兴安岭和小兴安岭，铁路在开发兴安岭森林资源中起到了重要作用。

小兴安岭与大兴安岭一样，是中国东北地区著名的山

白兰提供

脉，呈西北一东南走向。介于北纬46° 06′ ~51° ，东经125° 30′ ~130° 52′ 。海拔约300~800米，宽100公里左右，长约400公里，面积3.94万平方公里，最高峰为平顶山(1429米)。小兴安岭是黑龙江干流与松嫩水系间的分水岭，奔流的呼玛河、宽河、法别拉河、逊河及其大小支流，从西向东注入黑龙江。

小兴安岭西北接伊勒呼里山，东南到松花江畔，山势低缓，西南坡缓长，东北坡陡短。东南段主要出露花岗岩和变质岩，为长期隆起剥蚀区。西北段广泛分布第三纪陆相沉积。小兴安岭东北侧的逊河流域保存有大片玄武岩台地，东南侧德都附近有五大连池火山群。据记载，1719年、1921年曾经有火山喷发。德都五大连池火山群，包括有14个火山丘；科洛火山群有5个火山。还有二克火山群的3个火山丘、尖山火山群等。这些火山群是第四纪以来形成的。“五大连池”有“火山博物馆”之称。

小兴安岭是中国主要林区之一，素有“红松故乡”之称。林区森林茂密，树种较多。有林地面积280万公顷，森林覆被率为72.6%，活立市总蓄积2.4亿立方米。森林类型是以红松为主的针阔叶混交林。主要树种有红松、云杉、冷杉、兴安落叶松、樟子松、水曲柳、黄菠萝、胡桃楸、杨、椴、桦、榆等藤条灌木。

大、小兴安岭属寒温带气候，夏季温暖而短促，冬季漫长而严寒。有些地方的冬季长达八个月，无霜期100天左右，雨量一般在400~500毫米。

大、小兴安岭生长着大量木本和草本药材、野菜、野果，还有可食的块根植物。黄芪、知母、五味子等名贵中药材这里都有出产，野葱、野韭菜、柳蒿芽、山芹菜、黄花菜、四叶菜等几乎遍地皆是。还有都柿（蓝莓）、牙格达（红豆）、稠李子、榛子、山丁子等野果，雨季来临，多种可食用菌类如木耳、蘑菇、猴头蘑等在山的阴坡处迅速长出。

大、小兴安岭的野生动物，不论数量和种类都非常之多。在大兴安岭繁茂的林海中，植物性饲料丰富，有许多食草兽类，如狍子、獐子、马鹿、野猪等，其中狍子最多；潮湿而阴凉的森林，树洞很多，植被茂盛，有利于灰鼠等啮齿动物的生长；丘陵地带的大型食肉动物，有赤狐、狼、猞猁、豺、黄鼠狼和黑熊等；在山谷和林间的小溪涧或河旁，栖息着水獭等食鱼类动物。犴是林中巨兽，是鹿科中体型最大的，也称驼鹿，它主要分布于大兴安岭主脉，喜居于有茂密桦树的地方。小兴安岭针阔混交林带，有啮齿类长尾黄鼠狼；梅花鹿过去很多，现在野生的已经绝迹；食肉类动物有东北虎、金钱豹等，现存也已经数量很少；鸟类中，以松鸡和雉二科为主，其中野鸡、榛鸡很多；候鸟类如天鹅、大雁、野鸭也在林中湖泊游弋。

鄂伦春人居住的地方江河密如蛛网，盛产各种鱼。每年大马哈鱼都从呼玛河溯水而上回到黑龙江。此外还有鳇鱼、鲤鱼、白鱼、细鳞鱼、鲫鱼、哲罗鱼、草根鱼、鳌花鱼、鲇鱼、狗鱼等。

大、小兴安岭的地下矿藏也非常丰富。金矿的分布主要集中在黑龙江上游和大、小兴安岭的各支流谷地，黄金是小兴安岭主要矿产。此外，还有铁、煤、铅、锌、铝、钨和钼等丰富的矿藏；其它非金属矿，如石棉、油页岩、石墨也都有蕴藏。

大兴安岭，茫茫无际的林海，山林峡谷中奔流远去的河流小溪，月光下波光粼粼的湖泊，漫山漫岭的映山红，万紫千红的兴安野花，飞流而下的瀑布，幽黑闪亮的火山石海，先民祭祖石窟，森林小火车，无不使人流连忘返。

清晨，森林里的阳光化作一条条金线，清新而湿润的空气令人陶醉，树叶上和花叶上的露珠闪闪欲滴，生命在跳动着。

嘎仙洞

离鄂伦春自治旗所在地阿里河镇西10公里处的一座山腰上有一天然石洞，洞口宽阔，洞中有洞，洞顶石峰突兀峥嵘。洞周围林木繁茂，花草丛生，洞前的林丛间有一条清澈的小溪，涓涓向东流去。鄂伦春猎民给洞起名为“嘎仙”，嘎仙洞的“洞”是后来接触汉人后有的。“嘎仙”是鄂伦春族神话故事中的人物，是一个力大无比、惩恶持正的英雄，他大战骚扰残害猎人的九头恶魔“满盖”，为了感谢他，猎人就把这个山洞起名“嘎仙”。

白兰提供

嘎仙洞坐落在距地面25米的山崖上，略呈三角形，朝向西南。洞南北长92米，东西宽27米，高20米。洞内幽暗深邃，地面平坦，逐渐向东北方向延伸，地势也逐渐上升，洞中央散落的大石块，形似砌好的火塘。

嘎仙洞因拓跋鲜卑的北魏第三个皇帝拓跋焘遣使者前来祭祖并在洞壁上铭文而举世闻名。1980年7月30日下午，呼伦贝尔盟文物管理站站长、考古专家米文平陪同自治区的专家第四次来到嘎仙洞考察。当时偏西的阳光斜射进洞内，把洞口照得很亮。米文平先生正在介绍情况，突然发现洞壁上刻有一道痕，仔细一看是“四”字。大家欣喜异常，聚在壁前仔细辨认，又陆续认出“太”、“平”、“真”、“君”、“年”等字，连起来是“太平真君四年”。字为阴刻，魏书。这是一篇完整的祭文，记载了公元443年北魏皇帝拓跋焘派中书侍郎李敞从国都平城（今山西省大同市）来此祭祖的史实。其内容与《魏书》所载的基本相同。这一重大发现解决了史学界长期以来争论不休的关于大鲜卑山位置的难题，为研究东胡系诸部的分布，提供了一个准确的坐标。洞内文化层厚达1.5米，出土的有打制石器、牙饰、骨器、陶器、青铜器、铁器和大量野生动物骨骼化石。它们证实了嘎仙洞是距今1500年的古代民族鲜卑人先祖石窟。同时也证明了这是一处长期居住着更早期古人类的洞穴遗址。

嘎仙洞的地质成因是个谜。

嘎仙洞属于花岗岩基岩洞穴，是一个高大雄伟，洞内面积达2000多平方米，能容纳数千人。其成因从单一地质学上专家们认为无法解释，花岗岩洞穴在世界上都是罕见的，似乎不能排除人为的可能。嘎仙洞洞体处于一个巨大的花岗岩山体切面上，在整个岩壁顶檐处存有无数个冰悬槽，在突出的累积的花岗岩上分布着特征完好的冰臼和冰盖压力作用下形成的释重结力遗迹。嘎仙洞从洞深、洞高、洞体的完整程度及规模上，从地质学意义上，作为花岗岩石窟，令前来研究的地质学家们惊诧不已。

四方山

四方山天池位于鄂伦春自治旗诺敏镇西北30公里，毕拉河以南，诺敏河以西的群山之上，海拔933米，山顶东西长500多米，南北宽300多米。由火山喷发而形成的四方顶，泉水和雨水汇集而成的山顶湖泊——天池。山顶平坦，林木茂密，水平如镜，水色碧绿幽深，池水清澈可饮，而久旱不涸久雨不溢，甚为神奇。其四周礁石耸立，蓝天白云，景色独特优美，天人合一，格外安谧幽静。为这个仙境，鄂伦春人赋予了一个《白衣仙姑》的传说。

登临四方山，放眼望去，崇山峻岭尽收眼底。连绵无限的兴安岭，绿树葱葱，那恢宏的气势，那雄浑的碧波，使人顿时领悟兴安岭森林称之“林海”的真谛。在四方山上观林海日出，那大气磅礴、灿烂辉煌的景观，更是美不胜收。

鄂伦春自治旗在山顶设立了防火瞭望塔，可发现监控几百公里内的火情。

白兰提供

神指峡

神指峡的特别之处是目前发现的大兴安岭唯一的一条大峡谷，位于毕拉河下游，河谷长70公里，深40米，宽800米。两座险怪的石峰远远望去首尾相连，并肩而立。两座石峰相距200米，下峰犹如扬鬃烈马，上峰状似昂首吞日的雄狮。毕拉河水深浪急，急流和旋涡激荡崖岸，流水声百米之外清晰可闻。层层岩石在夕阳下闪着金褐色的光，石壁上方是层层白桦，蓝天一线，溪水汇成瀑布重重叠叠从崖上跌落而下，溅起的水珠似珍珠碎玉，抑或五彩缤纷的光影闪烁，抑或腾空飞起一道绚丽的彩虹。

烟囱石

烟囱石，巍然矗立在诺敏河中，浪拍水击，“雪花”飞溅，似有“中流砥柱”之壮美。呈黑褐色，高约有七八米，上宽下窄近似圆

白兰提供

柱体，因该石形似两个并列的烟囱，故被当地人称为“烟囱石”。这里两岸险峰对峙，河面狭窄曲折，水流湍急，河岸绝壁陡峭。巍然屹立于河中的烟囱石犹如一扇大门，浩荡的河水从这里夺门而出，急流奔腾，波涛咆哮。阳光下浪花飞虹，光球闪烁，蔚为壮观。有人说这是大兴安岭的“小三峡”。

关于“烟囱石”鄂伦春人有这样一个传说：力大无比的莫日根（好猎手之意）看到诺敏河洪水泛滥，两岸和下游猎民躲避不及，生命处于危险中，就从高山搬来巨石立在河心，挡住了急流，保护了猎民和下游的安全。这一壮举成为我们今天看到的河中奇景，而莫日根的故事至今被鄂伦春人传颂。

达尔滨湖

大兴安岭东南麓有一处森林湖泊，鄂伦春人把这个壮阔的湖泊叫做“达尔滨”，就是“辽阔无边”之意。这个被叫做“达尔滨”的湖是远古时火山爆发后形成的堰塞湖。达尔滨湖距神指峡10公里，位于毕拉河支流的阿木铁苏河下游，额莫尔图山的南麓，东、北、西三面环山，在海拔1500米左右的群山之间，呈椭圆形，东西长5公里，南北宽2公里，湖深处达10米，湖面约1.5平方公里。达尔滨湖的“湖”是现代人们加上去的。达尔滨湖安逸宁静，千百年来静静地躺在群山怀抱中，保持着大自然原始生态。山上林木遮天蔽日，灌木茂密丛生，湖畔奇石嶙峋，石上披满苔藓，石缝里山花烂漫。明镜般的湖水里倒映着山林、蓝天和白云。奇特的是湖生的莲花，橘黄色、粉红色的莲花会随着日出从水下徐徐而出，日落又悄悄潜入水底。寂静的山林湖泊，引来了百鸟争鸣和肥美的游鱼。红冠青尾的丹顶鹤不时地翩翩起舞，娇柔的白天鹅也倾慕达尔滨湖仙境般的美丽而悄悄光临。5月映山红开了，粉红色的花和刚刚吐芽的白桦树、松树、杨树使整个世界变得妩媚温柔，轻易踏进一步，似乎惊扰了这份美丽。现在这里修建了现代化的鄂伦春族“斜仁柱”，覆盖物是用各种颜色的防雨绸，加上黑色的几何形、云卷纹形等传统花边图案，与蓝天白云。绿树红花交映生辉。在这里人们可以垂钓、划船、射箭、摄影、爬山等等，原生态和现实就这样交错着。

石海

石海是9万年前扎文火山爆发时喷发的火山熔岩形成的，位于毕拉河北岸。

石海滩地是一片开阔的玄武岩石群，黝黑或灰褐色的火山岩形成方圆几十公里的石海，在阳光的照耀下宝石般绽放出五颜六色的光芒。火山岩形状各异，有的像小兔在跑，有的似青蛙在跳，有的真像野猪狂奔，有的却像狗熊在嬉闹。石海中土壤很少，植物不多，刮进石缝中的土里长出稀有珍贵的落叶乔木——黄菠萝树，黄菠萝树被林学家们称为树的化石。玄武岩的黑色调与黄菠萝的绿色调形成鲜明的

白兰提供

对比，令人赏心悦目。在一处隆起的火山口附近生长着两棵高大的落叶松，从根部伸出的十几条粗壮的根系深深扎入岩石中。令人叫绝的是，火山口和石海周围生长着连绵几公里的兴安杜鹃林，每年5月上中旬，在尚未消融的白雪映衬下，在玄武岩上怒放着，香气扑鼻。石海附近的湿地中，马兰花、金莲花形成的一片片花湖，蓝黄相映，蜂飞蝶舞。

第四纪冰川经典遗迹

专家指出，昆仑山冰臼群、嘎仙洞地质成因、阿里河源头冰石河、石桩山烟囱石冰蚀柱均是第四纪冰川经典遗迹。这里森林植被良好，存有当今中国面积最大的天然湿地，这也是冰川运动形成的。可以说，这里的湿地对东北、华北地区，以至整个亚洲地区都起到了非常重要的生态作用。这片湿地对沙尘的控制作用，似乎还没有被国家意识到。专家呼吁当地党委、政府要积极向国家反映对湿地的重点保护，认为“鄂伦春自治旗境内的地质遗迹、古文化遗产、生态湿地等综合因素申报世界地质公园是绰绰有余的”。

2007年8月，在鄂伦春自治旗旗委、政府组织下，中国地质科学院地质研究所、中国第四纪冰川遗迹陈列馆研究员韩同林一行对鄂伦春自治旗5万多平方公里的境内，选取五个地质特殊地貌点进行实地考察。一个规模超过南极冰盖的古冰川遗迹被证明(十几公里厚的冰层覆盖,南极冰盖最厚没有超过四公里)。据韩同林教授考证指出，大兴安岭曾经历过古冰川时期，估计为距今约两三百万年前第四纪冰川时期，遗迹资源富集、保存完整、规模巨大、个案经典，均分布在广袤的原始森林与湿地河流中。

其具体情况为：一是雄伟的昆仑山冰臼群；二是阿里河源头是全国规模最大的冰石河；三是岩体各异，独具特色的冰蚀柱。

在阿里河东南10多公里处的昆仑山顶（当地人认为这个如航母一样巨大的石山是飞来的神秘之物而将其称做昆仑山），分布着两百多个大小不一、形状各异的冰臼，是迄今我国发现冰臼群纬度最高的。寄存山体雄奇险峻，海拔687.3米，山顶部呈东南一西北走向，长约150米，宽约5~10米，东南侧相对高度52.7米，陡峭的山崖与地面呈80度角。西北侧相对高度62.7米，山体垂直。其石山本身就是冰川运动的产物，专家称其为“冰蚀昆仑石”（鄂伦春语称之为“卓鲁沙阿日”，意为“石头”），并在考察山体时在山顶最高处发现了同鄂伦春人山神相似自然形成的脸谱。

距阿里河东北105公里处的阿里河源头，其石头滩地被专家认定为冰石河，宽度40多米，长度300多米，面积达一万多平方米，是国内保存完整最大的冰石河。

距阿里河西南120公里处的托扎敏乡的石桩山为占地30多平方米、高度20多米神奇的不规则柱体，岩体为钾岩化花岗岩冰蚀柱；距阿里河东南200多公里处诺敏镇的烟囱石两个冰蚀柱，是高7米多，柱体占地10平方米左右的玄武岩冰蚀柱（专家认为烟囱石应该是深海遗存的黑烟囱）。在烟囱石附近还发现了冰川条痕石、冰川作用被挤压成直角的变形砾石。

中国北方最早的彩绘岩画

神指峰彩绘岩画距今约4000年，属新石器时代晚期北方彩绘岩画的珍品。

在众多的岩画当中，有一幅经过反复过滤、仔细摹写后，一头麋鹿栩栩如生地出现在我们面前。麋鹿的出现将鄂伦春阿里河岩画和相邻的额尔古纳河岩画联系起来了，那里的交唠呵道岩画，表现的是一个“牧鹿”的场景。被放牧的鹿有马鹿、狍、麋鹿和驯鹿，画面左下方有两个牧鹿人，牧人和各种鹿均匀地布满画面，在牧鹿人前，有一个肥大的犬，作昂首挺立状。左上方，有一鹿，颈下似系两铃。右下方，有一人牵马鹿，似在表明这群不同的鹿都是家畜。社会发展史告诉我们，人类从狩猎到驯养经历了一个漫长的过程，而此图中出

白兰提供

现的那么多种类的鹿，说明绘画者已经比较准确地区分了这些鹿各自的特征，狗也已经被驯化了。这说明岩画所处时代的人类已经进入了成熟的驯养动物的时期。

鄂伦春自治旗从远古时代就有通古斯的先人——拓跋鲜卑的生活和生产遗迹，这些岩画就是他们用天然矿物颜料和动物的血在岩石上记录的生活场景。

温库图天然猎场

今天，鄂伦春族的狩猎生活渐渐成为过去，他们世世代代以游猎为主的生产生活方式发生了翻天覆地的变化，他们快速地走向现代化。但在密林中的温库图猎场休假能够让你体验到鄂伦春猎人的生活，感受他们与自然融为一体的精神生活。

延伸阅读

相思谷

相思谷是新开发的旅游景点，在原始林风景区内有600多公顷，具有独特的北极生态特点的未被开发的原始林带，林涛葱郁，石崖奇绝，风光旖旎，空气清新。由鄂伦春风情园、奎源度假村、森林小火车、原始生态圈、乳泉溅游览区四个景区组成。其独特的自然景观，人文文化，民族风情成为林区旅游业的亮点。

相思谷内的兴安森林公园号称“北疆第一园”，占地面积2600公顷。景区内常见的木本、草本植物多达400多种，并拥有梅花鹿、马鹿、狍子、猴子等多种野生动物，是科研、教学、观赏的理想场所。

布苏里山庄

布苏里山庄是国家AAA级旅游景区，原是沈阳军区于1968~1998年间投资28亿建设的军事基地，总面积23.4平方公里，2002年修整后开发为旅游区。山庄内拥有苍莽的原始森林、宏伟的国防工程、壮观的欧式山门，地面建筑错落有致，有叶剑英居住过的“将军楼”、林彪题词的“北疆第一哨”，有9个“U”战备储存洞，平均洞容5000吨，洞内常年保持在2~5℃。景点幽静而神秘，自然生态保留完整，军事建筑风格独特，长期的封闭式管理使人对这里产生种种遐想，山洞生活也令人向往。

自然保护区和森林公园

鄂伦春自治旗还开辟了诺敏自然保护区、克一河兴安森林公园、嘎仙洞森林公园、阿里河滑雪场、托扎敏猎民村民俗旅游、5月8日映山红观赏节、6月18日篝火节、森林小火车观光、温库图天然猎场、布苏里山洞旅游度假村等旅游项目。

诺敏自然保护区总面积148770公顷，这里有成片的原始森林和山林草原；湿地森林和湿地草原，景色优美，空气清新湿润，诺敏河和牛尔坑河从保护区中间流过，十几条小溪环绕着这里。

保护区内植物主要属达乌里亚区系，木本、草本植物丰富，

白兰提供

大型、小型动物种类很多。植物群落以森林为主，森林覆盖率达74.2%，是大兴安岭主要的原始林景观区之一。林下以杜鹃、榛子、胡枝子、蔷薇、绣线菊、刺梅果、珍珠梅、悬钩子、柳条为主，地被植物则以越橘、杜香、沙草、山黧豆、沙参、地榆、柳叶菜为主。保护区内有国家保护的珍贵动物驼鹿、马鹿、猞猁、貂熊、丹顶鹤、鸳鸯、水獭、紫貂、麝等，约占全国保护动物种类的20%左右。此外，大兴安岭主要动物种类在本区也有分布。

克一河森林公园建于1987年，占地面积2501公顷，园中共有420余种植物（包括移植植物），饲养大兴安岭动物30余种。进入园门，弯弯曲曲的小路犹如一条飘带飞舞在山林中，一座吊桥横跨树梢空间，头上白云悠悠，脚下流水潺潺，林间云雾缭绕，人如身临仙境。

嘎仙洞森林公园占地面积15819公顷，园内栖息着种类繁多的珍禽异兽，有马鹿、狍子、狎、野猪、熊、松鼠、榛鸡等野生动物。阳春万物复苏，百花吐翠争艳；盛夏青山绿水，蝶舞鸟飞；金秋色彩斑斓，热情似火；隆冬玉树冰花，白雪皑皑。

阿里河滑雪场

阿里河滑雪场距阿里河镇1公里，依山而建，占地面积3公顷。建有欧式木质结构接待室和准备室，两条宽10米、长1000米的雪道呈“S”形，建在两座山的山坳间。青松白雪相得益彰，人与自然融为一体，是冬季旅游中不可多得的好去处。

猎民村民俗游

托扎敏猎民村民俗旅游和鄂伦春民俗村旅游是近几年开始的旅游热门项目。在托扎敏猎民村入户体验和考察鄂伦春族风土人情，感受狩猎文化和森林生活，与淳朴热情的鄂伦春人相处交流、交朋友，你会有很多收获。在鄂伦春民俗村你可以打靶，可以骑马，品尝风味餐饮，动手制作桦皮器皿，学习民族歌舞和民俗礼仪。

映山红观赏节

每年的5月8~18日是映山红观赏节，满山遍岭的兴安杜鹃如火如荼，风情曼妙，令你如痴如醉。在这个季节来到这里，定会使你的摄影技术大大提高。

篝火节

篝火节在6月18日举行。鄂伦春人民和参加篝火节的各族人民一起通宵达旦，尽情欢乐，享受幸福生活。在篝火节里通常要进行多种民俗表演和比赛，你可以是观看者也可以是参加者。篝火节成为鄂伦春自治旗政府一年一度的重要活动。

森林小火车

森林小火车观光别具特色，利用林业局已废弃的森林运材铁路，开辟林区旅游项目，吸引了不少游客。从小说中的《林海雪原》到真正的林海雪原，感受一下“火车一响，黄金万两”，感受一下慢生活，是不错的选择。

库图尔其广场

“库图尔其”鄂伦春语为“有福气的地方、吉祥宝地”之意。“库图尔其”广场建于2006年7月，占地15.36万平方米，广场建有5

白兰提供

座鄂伦春民族"仙人柱"式浮雕墙及9个雕有蛇神、风神、鹰神等图案的图腾柱；整个场地生动形象地展现了鄂伦春民族宗教信仰和桦皮文化、狩猎文化，是鄂伦春民族标志性建筑工程。

场地西南侧矗立着团结抗战胜利纪念碑，是鄂伦春人民与东北抗联将士团结互助、共御外寇的历史见证。

作为篝火节永久性场地，整个场地从空中鸟瞰，是鄂伦春民族桦树皮盒盖的图案；夜晚在灯光效果下整个场地恰似七色彩虹托起的一团篝火。整体为圆形图案，半径180米，占地面积4万平方米。整体地面配以青灰色大理石，饰以棕红色云水卷儿和火焰般的图案，徜徉其中，浓郁的民俗风情扑面而来，飘飘然，欲醉欲仙，游兴盎然，其乐融融。

篝火节时，在中心会场的中央将燃放一堆最大的篝火，供领导来宾和德高望重的族人起舞欢歌。在台阶的外侧，依次燃放八堆篝火，供游人歌舞娱乐。

耸立在主席台两侧的电子显示屏幕为32平方米。庆典活动时可进行现场转播，或播放丰富多彩的相关信息。

库图尔其广场反映了这样的理念：保住美好的传统，保住民族文化的根，守住民族精神的家园。学习美好的，掌握现代的。

白兰提供

一个狩猎词汇最为丰富的语言[1]

YIGE SHOULIE CIHUI ZUIWEI FENGFUDE YUYAN

对于鄂伦春语而言，无论是本民族的人，还是语言学家，还是人类学家，还是社会公众，都不得不承认其越来越明显的濒危性。

我们知道，人类离不开语言。语言，是人类最具标志性的创造。可以说，语言伴随着民族的产生，伴随着民族的发展，甚至“记录着民族的兴衰”。

语言需要语言环境才能得到使用和保留，只是在现实生活中要保持语言与语言环境的相适性显得有些难。

鄂伦春语的语言系属

鄂伦春族有独立语言，属阿尔泰语系，满——通古斯语族，北通古斯语支语言。我国的满——通古斯语族语言，除鄂伦春语外，还有鄂温克语、赫哲语、锡伯语、满语。历史上女真族使用过的女真语也属于这个语族。鄂伦春语和同语族语言有共同的起源，但是在发展的过程中又形成了自己的特点。如单元音丰富，分长短，复元音很少。辅音系统结构简明，η可以在词首出现，有比较多的辅音能出现在词末，辅音之间有大量的同化现象，其中逆同化的现象最丰富。元音和

[1] 摘自胡增益著：《鄂伦春语简志》，民族出版社，1986年版，第1～2页。《鄂伦春语》，中国大百科全书民族卷，中国大百科全书出版社，1986年版，第108～109页。

白兰提供

谐比较清晰。表示词汇意义和语法意义的附加成分种类纷繁。静词格的形式多，有人称领属和反身领属范畴。动词有人称。对动作的时间概念、动作的类型和情态表达细腻，被动态和使动态的附加成分在语音形式上可以区分。在词汇中反映狩猎生产和独特生活方式的词丰富多彩。

鄂伦春语内部比较一致，无方言差别。鄂伦春族没有本民族的文字，曾经有人学习和使用过满文，现在通用汉文。

语音

单元音在元音体系里占优势，在固有词里不出现复元音。元音分长短。有元音和谐现象。分为阴性元音和阳性元音。同类元音按照一定的规则在词里保持和谐。除了性属和谐以外，还有唇状和谐。

辅音系统比较简单，有19个。辅音在词里出现的情况有以下一些特点：一是不同于满—通古斯语中的某些语言，可以出现在词首。如ŋa：la“手”，鄂温克语为：na：la，满语为gala。二是f和x作为一个独立的音位只出现在汉语借词里。p在早期汉语借词里，相当于现代汉语的f，如pu“伏(天)”。三是不仅状词，其它词的末尾也能出现比较多的辅音，如a：wun“帽子”，ulo：hi“假”。四是语音结合时，发生较多的同化现象。

语法

（1）表示不同语法意义的附加成分按照一定的次序加在词干后，构成词的各种语法形式。

（2）名词格的数目较多，宾格和方位格各有两个，区别动词涉及的物件是确定的还是不确定的。

（3）动词有态、体、时间、式、人称等范畴。和某些满一通古斯语语言不同，动词的使动态和被动态附加成分有各自的语音形式。

（4）在句子结构里，结构成分之间往往出现互应关系的语法形式，如主语和由动词充当的谓语，在人称和数上有互应关系。领属结构的两项之间在人称和数上也有互应关系。

（5）复句不大使用连词，主句和从句大都是靠位置(从句在前，主句在后)、语调和从句谓语的附加成分来连接。这些附加成分包括加在形动形式动词后的格附加成分和加在副动形式动词后的副动附加成分。

词汇

不同的语言在历史的过程中积存和蕴藏了不同的文化印记。狩猎生活，决定了语言的取向。可以说，鄂伦春语记录了完整的狩猎文化。鄂伦春语中表现狩猎、捕鱼、采集和树木花草、飞禽走兽等自然界方面的词汇非常丰富。有些形容词和动词十分独特，在现代汉语中有时难以找到对应的解释。鄂伦春语是没有文字的语言，超越了时间和空间的故事、神话、传说、寓言、诗歌、唱词、谜语等，都是依靠口口相传得以传承。而反映现代生产、生活和社会活动方面的词汇，比如大楼、邮电局、火车、地球、手机、计算机、信息、海啸等，在鄂伦春语中是没有的。

鄂伦春语在词汇方面有这样几个特点。

（1）反映本身生活方式特点的词比较丰富。

（2）利用语音交替构成在意义上和词形上对偶的词较多。

（3）词的构成方法，主要是派生法，在动词词根后加附加成分可以构成名词；其次是合成法。

延伸阅读1

鄂伦春语是我国民族语言中历史悠久的语言之一，词汇量大，表意丰富，对自然状物的描述有自己的独到之处，有关狩猎方面的词汇，动植物方面的词汇非常完整，但由于没有文字，给语言的传承带来不利影响。作为古老而最具表现力的一种语言，应该有其保留和存在的价值。

首先，鄂伦春语属满—通古斯语族语言，除鄂伦春语之外，还有鄂温克、赫哲、锡伯、满族等语言，也属满—通古斯族语言。历史上的女真、靺鞨、勿吉等古代民族的语言也同属这种语言，具有共同起源。因此，鄂伦春语的保留与发展对使用满—通古斯语族语言诸民族的优秀传统文化的传承及研究都有着重要的价值。

其次，由于历史和社会的原因，受汉族语言及文字的影响非常大，一些重要的语言现象、语言规则已发生了变化，因而与其原来的语言已有不小的差异。语言的语法及形态，是从简到繁、从古到现代为发展倾向。从这个意义上讲，鄂伦春语代表的是满—通古斯语族比较早期的语言形态，有着重要的学术价值。

再次，鄂伦春语早期很少受到其他语言的影响，在其存在的千百年里，保留比较完整。我们知道，语言是民族的重要特征，是民族精神的象征，一个民族如果失去自己的语言，那么也就等于基本失去了自尊、自信的重要载体。可以说，在民族要素仍然存在的当今时代，一个民族语言能否保留和存在，具有重要的现实意义和历史意义。

白兰提供

延伸阅读2

近些年来，为了能保护和发展鄂伦春语，各级政府的有关部门结合当地的实际制定了相应的政策和法规，并采用具体措施予以实施。

首先，鼓励并提倡讲鄂伦春语。鄂伦春语得到了社会的承认和尊重，而且也促进了鄂伦春族群众讲学鄂伦春语的积极性。广大鄂伦春族群众能否讲鄂伦春语，是是否真正落实了国家政策法规的具体体现，是能否保护和发展鄂伦春语的前提条件。

第二，利用广播、电视媒体宣传讲鄂伦春语。随着电视的普及，从1994年开始，鄂伦春自治旗电视台又增设《鄂伦春语会话》专题节目，每周定时播出，为宣传和普及鄂伦春语起到了很好的推动作用，深受广大观念的欢迎。

第三，编写教材，开设鄂伦春语。为了从根本上解决鄂伦春语的继承和发展问题，从上世纪80年代末开始，已开始在全省鄂伦春族小学校试用。这将为鄂伦春语的保护和发展起到决定性的作用。

第四，加强鄂伦春语的研究。近年来，中国政府为抢救和保护鄂伦春语，在抓具体工作的同时，也非常重视对鄂伦春语言的政府研究工作。经过多年努力，发表和出版了多篇多部颇有学术价值的论文和著作，如出版著作有：胡增益教授的《鄂伦春语简志》、韩有峰研究员和孟淑贤女士合著的《鄂伦春语汉语对照读本》、萨希荣教授编著的《简明汉语鄂伦春语对照读本》、韩有峰研究员编著的《鄂伦春语》（教材）等。2004年，内蒙古自治区将《蒙古语语料库》的建设列为“建设民族文化大区”的重点项目，由内蒙古社会科学院承担。在此项目中同时把鄂伦春语、达斡尔语、鄂温克语等三种少数民族语言语料的搜集也列入其中。为学习、研究和弘扬鄂伦春语起到了重要作用。

延伸阅读3

目前除个别从事民族语言的专家外，能熟练掌握鄂伦春语的鄂伦春族人均是70岁以上的老人，如果不能及时占有更多的语言资料，对鄂伦春语的系统保护和研究难度将更大。

近年来，不断有美国、日本的专家学者到白银纳学习、研究鄂伦春语。但目前使用的“用其他语言的音标拼写鄂伦春语的方法”无法普及。

目前鄂伦春族世代口耳相传的民族语言已处于消亡边缘，鄂伦春人民希望通过全社会的共同努力，拯救和保护中国北方狩猎民族的传统语言。

白兰提供

骏马、猎枪伴随的山林岁月

JUNMA LIEQIANG BANSUIDE SHANLIN SUIYUE

兴安岭春季的黄昏是短暂的，太阳渐渐沉入重峦叠嶂之后，参天的桦树梢沐浴着落日夕阳的余晖。山坡背风处，有几座“斜仁柱”一字排开，上面覆盖的桦树皮泛着柔和的金光。“斜仁柱”旁边的搁物架“额尔古”上堆放着马鞍、狍皮被、装着粮食和肉干的皮口袋等，还有一些桦皮箱，影影绰绰的；一只长毛大狗“乐布特”正趴在“额尔古”下，啃咬着一块骨头；远处的高脚仓库“奥伦”伫立在林间；猎马打着响鼻隐现在附近的草甸子上。几个顽童仍在打闹嬉戏，稚声稚气的欢笑声阵阵传出，消失在森林，散开在碧野。暮色苍茫，

白兰提供

"斜仁柱"前的篝火熊熊燃烧，映红了围坐的人们。老人们叼着烟袋默默地注视着已降临的黑夜，女人召唤着孩子回来睡觉，几位少年被热烈谈论着什么的猎人吸引住了，这是几位强健的猎手，小而明亮的眼睛使人觉出猎人的机警，有力的手势显示着猎人的果敢，大概是在讲述自己出猎的趣闻吧。

直到20世纪50年代，我国解放初期，鄂伦春族仍以这种古老的方式在深山密林里游猎和生活。独立的游猎经济和大自然的隔绝，使鄂伦春人与外界联系不多，因此，对外界了解甚少。清朝时期，他们奉命参加征战，是骁勇善战的索伦部一员，鄂伦春将士招之即来，来之能战，战争结束即返山林，回归狩猎生活，社会生活中基本处于"来无踪去无影"的状态。对于平时生活而言，清朝朝廷委派到鄂伦春地区征收贡纳品的官员"谙达"，几乎是他们与外界联系的唯一媒介。作为清朝官员，他们一方面收走鄂伦春人向朝廷贡奉的猎品，另一方面还带来一些砖茶、米面、烟酒、布匹和首饰等物品，与鄂伦春人进行简单的物物交换。

"谙达"在满语和鄂伦春语中都有"朋友"的含义。

对于鄂伦春人来说，对大自然、社会道德习惯的悟性，再加上如果能够掌握不同性别、不同年龄所应该具备的生活技能，就足以使他们成为兴安岭的主人。

丰富的物产，使他们的衣食之物唾手可得。大自然给予他们的一切，足够支持物需和物欲都极其简单的游猎生活了。《黑龙江外纪》卷五记载："俄伦春，俗重鲜食，射业为生，然得一兽，即还家，不贪多，亦不以负载自苦。"在漫漫的游猎生涯里，他们任凭大河小溪不甘寂寞地低吟着向外奔流而去，依旧按自己古老的方式悠悠而生。即使是后来的清朝八旗制度和"弃猎归农"的政策，也丝毫没有能够动摇这种生产方式和社会结构。

鄂伦春人平静地过着狩猎生活。清晨，雾还没有散尽，小鸟也没有醒来，已有矫健的身影跃上马背，这是猎人"波余仁"，在住地附近晨猎。太阳升起来了，"斜仁柱"内飘出炊烟，猎手们也驮回了

白兰提供

猎物。这是一个典型的“乌力楞”，五六座“斜仁柱”呈一字形散落林间。

兴安岭里动物种类很多，鄂伦春猎人沿着山林间的河流寻找着野兽的踪迹。他们的狩猎和迁徙是以季节的变换和猎物的多寡决定的。一般这样安排：4~6月主要打鹿茸，在“乌力楞”内组成“昂嘎”出猎。鹿茸是价值很高的经济猎品，物物交换多了以后，传统的狩猎内容也发生了变化，猎人们深知适时猎取像鹿茸这样的猎品的重要。7~9月，要搬迁一次，寻找狩、狍子多的地方，这个季节主要猎取可提供肉食的野兽，野兽经过一春一夏，个个腰圆体胖，肉也很肥嫩，很适合晒肉干。这时的出猎既有“昂嘎”式的集体狩猎，也有“波余仁”式的单独出猎。10月以后一直到春节前，是打皮子期。落雪前先迁到风小、有草滩的地方，下雪后在驻地附近打猞猁、水獭、灰鼠、狐狸、黄鼠狼等细毛皮动物，还要打野猪。

春节后的2月是母鹿怀胎的时候，猎人们捕猎母鹿及其他野兽，所以叫鹿胎期。专门打鹿胎是民国以后，交换时价值较高，鄂伦春人才开始打怀胎母鹿。到了3月份天气逐渐转暖，人们又要迁移，先是打狍子，到了4月份又开始打鹿茸了。

在长年累月的生产实践中，猎人们积累了丰富的生产经验，摸透了各种动物的活动规律。

狍子，鄂伦春语叫"给乌臣"，是大小兴安岭山林中常见的食草动物，高一米，重50公斤左右，一年四季均可猎取。狍子数量很多，只要有河沟、桦树林、柞树岗，就会有狍子。狍子肉鲜嫩、味美，开锅即熟，可煮可烧。狍子的肝和肾可生吃，清热明目。狍子听觉、视觉灵敏，胆子也小，吃几口草便抬头四处张望一下，风吹草动都能使它乱跑乱跳一阵。它的嗅觉很差，甚至猎人在附近也毫无察觉。猎人有时用桦树皮做的狍哨"皮恰恩库"学狍崽叫来诱捕狍子。

犴，鄂伦春语叫"托黑"，学名驼鹿，体形似驼，故而得名。产于中国内蒙古、黑龙江及新疆，数量稀少。驼鹿为典型的亚寒带针叶林动物，栖息于原始针叶林和针阔混交林中，多在林中平坦低洼地带、林中沼泽地活动，从不远离森林，但也随着季节的不同而有所变

白兰提供

化。单独或小群生活，多在早晚活动。

它身躯高大，是世界上最大和身高最高的鹿科动物（注：长颈鹿不属于鹿科），比大多数犀牛都高，堪称鹿类中的庞然大物。成年犴身高1.4米左右，身长2米余，体重200公斤左右。犴躯体短而粗，看上去与4条细长的腿不成比例。它的尾巴也很短，只有7~10厘米。全身的毛色都是棕褐色，夏季毛的颜色比冬季深得多。头部很大，眼睛较小，脸部特别长，颈部却很短，鼻子肥大并且有些下垂，上嘴唇膨大而延长，比下嘴唇长5~6厘米。另外它没有上犬齿，这一点与其他鹿科动物不同。雄兽和雌兽的喉部下面都生有一个肉柱，上面长着很多下垂的毛，称为颌囊，但雄兽的更为发达，好像下巴上长一撮山羊胡子。犴的耳朵又长又大。公犴夏季长角，秋天变成干杈角。

驼鹿由于体型庞大，所以自然界中的天敌很少，狼和棕熊，另外还有猞猁和貂熊，大多袭击幼仔，以及年老、患病、体弱的个体，特别是刚生育的雌兽和出生不久的幼仔。健壮的成年驼鹿十分有力，有时甚至能击败熊、狼等体形较大凶猛的食肉兽类。

与其他鹿类不同，一只获胜的雄兽一般仅与1~2只雌兽交配。雌兽的妊娠期为242～250天，一般在翌年5月末至7月初产仔，每胎产1仔，偶尔产2仔。幼仔生长很快，尤其在最初的6个月内。10~14天之后开始跟随雌兽活动，1个月后开始吃草和嫩树叶，哺乳期大约为3个半月。1岁以后就能独立生活，3~4岁时达到性成熟。

犴最喜欢吃植物的嫩枝条，夏季大量采食多汁的草本植物，食物种类可达70余种，主要是柳、榛、桦、杨等的嫩枝叶，占全年食物量的43%~68%。也吃睡莲、眼子菜、慈姑、香蒲、浮萍、蓬草等。春夏季节喜欢在盐碱地舔食泥浆。休息时进行反刍，将所吃下的食物倒入口腔，进行细嚼后咽入重瓣胃中。

犴是鄂伦春人主要猎取野兽之一。

驼鹿已经列入《世界自然保护联盟》（IUCN）ver 3.1：2009年哺乳动物红色名录。

野猪，鄂伦春语叫“托日黑”，一般是在柞树丛里一群群地拱地吃橡子和草根。嗅觉灵敏，如果猎人把握不好风向，它们嗅到异味就一哄而散，跑得飞快。它们体态和家猪相似，但比家猪毛长、嘴长、腿长。公猪还长獠牙，极具攻击能力。野猪分为帮猪和孤猪。帮猪是由老母猪领着当年的猪崽和出生不到两年的猪组成，少则七八只，大帮群猪可达30只左右。孤猪是离群公猪，体格雄健，性情暴躁，长长的獠牙就像两把钢刀。夏末秋初之际，它常到河泥里打滚，带着一身淤泥到林中松树上蹭痒，厚厚的泥巴外面又沾上一层松树油，全身呈青铜色，犹如披上一件盔甲。其胸部长着二指多厚的硬茧子，十分坚硬。到了发情期就借这些和其它公猪争夺配偶。孤猪是难以对付的，猎手的技术不高的话，不敢轻易打它。野猪肉脂肪少，两年以上的野猪，其肥肉长成很硬的甲质肉，吃起来香而不腻。野猪苦胆是上好的消炎药，苦胆外皮套在手指上对治疗甲沟炎有奇效。野猪皮可做靴底、马鞍鞯和皮口袋等。

熊，鄂伦春语叫“俄提日刊”，是兴安岭的兽中之王。大熊立起来1.5米多高，雄性体重可达500公斤，一般也有200公斤。熊力气很大，一掌能折断碗口粗的树。熊感觉器官灵敏，听到动静后并不立刻逃之夭夭，而是察看清楚后才作出决定，它跑得很快。冬季是猎熊的好季节。秋天它吃饱了食物，回到洞里“蹲仓”，猎手们借助猎狗的帮忙，用速战速决的方式猎取它。熊胆是珍贵的药材，熊掌在宴会中可与鱼翅、燕窝媲美。

熊主要栖息在山区的森林带，而且多在针叶林或针阔混交林中，但青藏高原海拔4500~5000米的高山草原也能很好生活。

熊是一种适应力比较强的动物，从荒漠边缘至高山森林，甚至冰原地带都能顽强生活。生活在北美的熊似乎更喜欢开阔地带，例如苔原区域和高山草甸，在海岸线附近也常能见到它们的足迹。欧亚大陆上的棕熊则更喜欢居于茂密的森林之中，这样白天就方便隐藏了。熊是杂食性动物，它们的食谱会随着季节的不同发生变化。一般来说，植物性食物占了60%以上，这其中包括各种植物根茎、块茎、草料、谷物及各种果实等等。其余则为动物性食物，例如昆虫、啮齿类动物、有蹄类动物（例如麋鹿、驯鹿、驼鹿、野牛等等）、野猪、鱼和腐肉等等。极度饥饿时，它们甚至会杀死个头比自己小的同类充饥。居住在海岸线周围的棕熊每年在鲑鱼产卵的季节还有机会扑进水里享受一阵子营养丰富的鲑鱼大餐。

熊一般在晨昏时分外出活动，大白天则躲在窝里休息，不过也有些不安分的家伙任何时候都可能四处溜达。熊的窝通常建在隐蔽得比较好的山坡上，或是大石头底下，要么是大树的树根间，它们有时会自己动手挖个窝，然后搜罗一些干草之类的东西铺进窝里，把窝收拾的舒舒服服，一个窝有时会用好几年。进入10~12月，就意味着冬季的大睡时刻即将到来，不过这种冬季睡眠并非是人们过去所认为的冬眠，因为熊新陈代谢的速率并非下降到很低，这些熟睡中的熊可能随时都会醒来。

熊是相当好斗的动物，特别是在保护领地和食物的时候。为了保护食物，它们会赶走狼群什么的，也会打跑侵入它们领地的其他熊。不过多数的打架斗殴事件仍然集中在交配季节。母熊为了抚育孩子，通常每隔3~5年才会交配一次，为了让母熊们尽早进入交配阶段，公熊们会找机会杀死这些母熊的孩子，尽管勇敢的母亲们在遭遇这些身型大它1.5倍甚至两倍的家伙的时候奋力搏斗，但在幼子死亡事件中仍有45%是公熊们的作为。

白兰提供

我国棕熊是国家二级保护动物，由于人类孜孜不倦的“努力”，棕熊目前属于濒危动物，它们的数量在20世纪初下降得极为厉害，目前全世界只有15万~20万只野生棕熊。

鹿，鄂伦春语叫“库玛哈”，是体态优美的动物。雄鹿有美丽雄伟的双角，年龄越高，角叉就越多。兴安岭中的鹿多为马鹿，生活习性与鹿差不多，经常在林木稀疏的地方活动，专挑药材草和优质草吃，喝山泉水。夏季它为了换口味，喜欢到水泡子里吃水草，鹿心血、鹿筋、鹿茸都是珍贵的药材，它们早已商品化了，猎人们为了与外界进行商品交换一年四季捕猎它。

松鼠、黄鼠狼、猞猁等，在清代也成为商品化猎品，它们的皮是绅士淑女们喜爱的裘皮衣服的原材料。树鸡和飞龙等禽类，也是宴席上的美味。

一位曾经的猎鸭者很动情地描述了野鸭：鄂伦春人对野鸭的分类极为详细，不同种类的野鸭称呼各有不同，不同种类的野鸭从南方飞回来的先后顺序也是不一样的。最先到达这里的大白鸭叫做“乌田”，这种野鸭体型最大，是野鸭种群里的“王者”。它们有着鸬鹚一样的尖嘴巴，公的黑背、白肚，母的银背、鹅黄色的肚子，橘红色的脚掌非常漂亮，像一对小小的船桨。大白鸭性格孤傲，它们总是一公一母远离鸭群，在山河湖泊间双宿双飞，像一对神仙眷侣。紧随其后的是小白鸭“慕尼黑”，它们的体形较小，颜色比较简单，公的黑背、白肚，母的灰黑色。一群小白鸭飞过来的时候，翅膀的共振会带着一种悦耳的铃音，有经验的猎人不用抬头看，就知道飞过头顶的是一群淘气的“慕尼黑”。然后是绿头鸭，叫做“塔日米”，它的体形比“乌田”稍小一点，黄绿色的宽嘴巴，公的头部呈绿色，身体青灰色，两边翅膀上有花纹，母的穿一身黄底黑斑的花衣裳，他们的脚上也仿佛穿着一双橘红色的小靴子。在产卵的季节，它们的表现最为缠绵。公鸭总是优雅地滑动着橘红色的脚掌，深情款款地紧跟在母鸭的后面，轻轻地驱赶它，慢慢地滑向幽静的河汊深处。接着是麻鸭“伊日给”、拳头大的“契阔”……还有一种我叫不上名字的尖嘴小白鸭，嘴巴和脚掌都是灰色的，但这种野鸭数量很少，轻易见不到的。

从肉质上来讲，野鸭的肉要比家鸭硬得多，烹调时需要有足够的火候方能煮烂。猎民爱吃的是“塔日米”和“伊日给”，“乌田”

的鱼腥味最大，需要开膛后挂在外面稍稍风干再吃。

打野鸭可是个技术活儿，野鸭的警惕性极高，人不好靠近。远远地看见河里的野鸭，猎手要小心翼翼地摸过去，快到跟前儿时匍匐前进，全身像个壁虎一样紧贴在地面上向前爬，中途不能总是抬头观望，常常爬得满身泥土，汗流浃背，而且稍有不慎，就会前功尽弃。有时只因扒拉一下挡住瞄准视线的一根草棍，野鸭就会立刻发觉，“扑啦啦”全部飞走，留下猎人望“鸭”兴叹……野鸭在水里游的时候身体只露出2厘米左右，并且游来游去的像个活动靶，这样就对猎手的枪法要求很高。一个好猎手必须要会准确的目测距离，调整标尺，还要掌握好射击的提前量。鄂伦春人有一句谚语：“能打着鸭子的猎手就能打着鹿。”可见会打野鸭的猎人都应该算是神枪手了。但是，猎民从不打天鹅和鸳鸯，认为天鹅是极富灵性的飞禽，打了不吉利。而鸳鸯更是自然界一夫一妻制的典范，它们对伴侣的忠诚令人感叹，如果有人打死了它们其中的一只，另一只会发出哀婉凄绝的叫声

白兰提供

盘旋在半空中，久久不愿离去。

快到六月份时是野鸭孵卵时，鸭子瘦了下来，猎民就不再打了。

与其他民族打野鸭用打散弹的砂枪或者火铳不同的是，猎民们通常用的是5.6毫米小口径步枪，这种枪是国家发给猎民用来冬天打灰鼠和飞龙的，但是到了春天，猎民也愿意拿它来打野鸭换换口味。还有更重要的一点，这种打单发的精度很高的枪对初学打猎的孩子们有很大的帮助，可以从小锻炼他们的射击技能。[1]

"飞龙"就是榛鸡的俗称，鄂伦春语叫"依尼黑"，属于花尾榛鸡，是国家一级保护动物，属于鸡形目，松鸡科鸟类。

榛鸡在全世界共有3种，即花尾榛鸡、斑尾榛鸡和披肩鸡。我国较多见的是花尾榛鸡。

花尾榛鸡比家鸡小，重400克左右，体毛棕灰并带暗褐色横斑。雄鸡喉部黑色，两侧白色。雌鸡羽毛稍暗，喉部灰白色并带黑褐色斑纹。春、夏季喜栖于针阔混交林或阔叶林深处，秋、冬季常在河谷、道旁等林缘活动。花尾榛鸡是中国松鸡科鸟类中最小的一种，体大似鸽。雄鸟头上有短羽冠；上体大都棕灰，具栗褐色横斑；颏和喉黑，下体暗棕褐而杂以白色；外侧尾羽呈花斑状，而有一条宽阔的黑褐色次端斑。雌鸟略同，但颏和喉大都棕白。

猎民在观察"飞龙"生活习性后发现，白天它们常常是5~10只为一群在林中觅食，食性很杂，以绿叶、种子、浆果为食物，在繁殖期还吃些昆虫。雄鸡用尖细清脆的叫声与伙伴联系，当遇到危险时，先伸长脖子观察动静，确认有危险再起飞，飞不远，一次只能飞20~30米。大雪覆盖的严冬，"飞龙"经常在树上活动，钻进雪窝里过夜，是一种留鸟。它的巢筑在倒木或树根旁，很隐蔽，4月到5月初产卵，每年产11~12个卵，孵化期约21天，雌鸡在孵卵期恋巢，从不

[1] 摘自莫日根的博客（2011-04-14 16:30）

轻易离开。雏鸡6月初脱壳，到8月中旬即可长成成鸟。

“飞龙”是兴安岭的主要鸟类之一，它肉质细嫩，味道鲜美并富营养，清朝时作为给皇帝的贡品。

榛鸡为什么叫“飞龙”，原因不得而知。

白兰提供

猎手和好猎手

成为一位好猎手需具备各方面的知识，要了解野兽的习性和活动规律，熟悉山形地势，准确地预测天气的变化；一个好猎手还必须有熟练的射击技术和果断机智的处理问题的能力，并能做到反应机警，动作敏捷，此外要懂得役使猎马、猎犬的时机。当一个人被公认是个“莫日根”，特别是“艾雅莫日根”（非常棒的猎手）时，其自豪感是不言而喻的。

长期的生产实践，使鄂伦春人的生产工具不断改善。首先他们对古老的扎枪进行改造，不再是仅仅把木柄一端削尖为枪头，而是安上尖尖的石制枪头，之后又用骨制的枪头代替了石制枪头，这显然又锋利多了。猎人还制作弓箭，用榆木和落叶松做的弓背弹性很大，鹿筋和狍筋做的弦非常结实，木箭上安上石制或骨制的矢镞，射程远，而杀伤效果也很好。大概在使用扎枪、弓箭时，鄂伦春猎人就开始驯养猎犬，猎犬是在它们很小的时候就开始训练的，最初扔一块肉让它衔回来，这是训练它以后捕捉到猎物时不随便吃掉。每次打到野兽，就割一块肉给它吃，它尝到了兽肉的滋味，以后追踪野兽就会积极主动。

进入冬季，气温降至－40℃，大雪覆盖着山野，阳光下耀人眼目。鄂伦春猎人戴上马尾编织成的马尾眼镜，缚上桦木制成的滑雪板，在树林里寻觅兽踪。

据老人们讲，鄂伦春人很早很早以前，曾饲养过驯鹿，后来游猎地没有驯鹿食用的苔藓，鄂伦春人只好放弃驯鹿。很长一段时间后，先人们从清朝廷和民间获得马，鄂伦春人就骑着马继续在森林里泛游。

夜晚燃烧的篝火旁，常常是大人们向小猎人传授经验和知识的课堂，孩子们在幼童时代就在大人的言传身教下，学会了瞄准、射击，懂得了如何寻找兽迹和剥皮肢解野兽，知道狩猎时的各种规律和禁忌。10岁以后就在大人的带领下，参加狩猎实践，学会了让马急驰而不生病的方法，懂得了驯养猎犬；在观察天气、地形方面也慢慢掌握了一些规律。15岁以后，对于猎获山林中潜藏的野兽，在一般情况下他们都非常有把握，出猎成功了会受到父兄们的鼓励，失败了也能得到耐心的指点。

长期直接面对大自然的生活，鄂伦春人形成了非常豪爽、热情、质朴和爱激动的性格，尽管有时他们是寡言的，但绝不掩饰自己感情的外露。在社会生活中，他们都恰到好处地做着自己该做的事，彼此关心，彼此爱护，尤其是孤儿寡母，能得到大家更多的帮助和照顾。大家都以能够帮助别人而欣慰。

对于鄂伦春族的生产、生活方式，人们自然会联想到一种较为原始的状态。的确，在人类社会发展到20世纪的时候，鄂伦春人仍然还在山林河流的伴随下从事狩猎生产，过着游猎的生活。但是，这种原始生活有别于人类祖先的那种原始状态。他们只是较完整地保留了人类早期的生产、生活方式，他们有了马匹、枪支和火药，与当政王朝发生着联系。据说，一位猎人第一次用火枪射中猎物时，高兴得亲吻了猎枪。是的，他们应该感谢大自然无私的赐予，应该感谢外界社会不断的渗入。

从事狩猎和采集的民族对他们赖以为生的野生动物和植物的控

白兰提供

制程度极小，甚至无法控制。这就需要这些民族在生产技能上及社会活动中具备特殊的适应性。他们内部形成了共同劳动、平均分配的经济关系以及条理清晰、简单的社会关系，并有一整套不成文的习惯法则起着调节作用。因此，尽管后来出现了火枪、弹药和个别人家拥有大量马匹，鄂伦春族社会还是顽强地保留了最古老的经济方式。游猎生活以及随时的采集活动是艰苦的，鄂伦春人以“男人不怕山高，女人不怕活细”的谚语来自慰。他们在深山密林中猎捕，并不是滥捕滥猎，他们能得到维持温饱的猎品就满足了，无须贮存多余的物品。老人们常常告诫年轻人，不能肆意捕杀野兽，违反了禁忌，破坏了规矩，会得到上天的惩罚。他们为了维持自身的生活方式，就必须使自己同食物资源之间达到一种平衡。

鄂伦春人的狩猎活动，主要是在“乌力楞”内组成“昂嘎”进行。“昂嘎”是狩猎小组。获得猎物首先要在“昂嘎”内部进行平均分配，鄂伦春人称为“乌恰仁”。回到“乌力楞”后，如果有的

"柱"没有出猎者，或只有孤儿寡母，那么"昂嘎"成员，再把自己的拿出一些送给他们，这叫"尼玛都仁"。组成"昂嘎"后，大家都不约而同地推举一位枪法好，为人直爽、公正的人为"塔坦达"，作为这次"昂嘎"的领导，到了宿营地，由他点燃第一堆篝火，然后大家开始做宿营的准备。大家的帐篷在篝火旁围成半圆形，马系上腿绊后放开，让它在附近吃草，春季和夏季还要点上闷火熏蚊虻。早上和晚间择时出猎，他们互相并不怎么商量就能知道谁该干什么。有时是单独一个人，有时是集体活动。白天在宿营地收拾猎物、处理猎品，晒肉干的晒肉干，剥筋的剥筋，有人很快就用一块磸腿骨削出一双筷子。大家开着玩笑，猎狗也跑来窜去。如果出猎时有女性同来，那么就以她们为主收拾和处理猎品，并且负责做饭煮茶，照料马匹。妇女们在劳作间隙还要到宿营地附近采集野菜野果、木耳蘑菇，晾干后带回自家冬秋季食用或分送亲友。十几天甚至一两个月的"昂嘎"结束了，"塔坦达"指挥着大家把猎品分好，把有兽头的一份，分给家有老人的猎手。能做商品交换的鹿茸、鹿胎、筋、皮毛等，也一律平均分配。归途中大家急急赶路，马背上沉甸甸的。

定居后鄂伦春人在政府的指导下，开始捕鹿养鹿和护林防火。

崭新的养鹿事业

从1957年国家大力开发大兴安岭南麓的原始森林后，林区人口不断增多，自治旗人口从1951年建旗之初的778人，到1958年猛增到49000多人；自治旗境内铁路、公路相继兴建，森林采伐向原始处女林纵深发展。在这种新情况下，野兽不得不向密林深处逃逸，鄂伦春人的狩猎生产出现了新的问题，人们不得不到较远的猎场去狩猎。

为了适应林业发展的新形势，自治旗于1959年制定了"以林为主，养猎并举，开展多种经营，有计划地发展工农牧业生产"的生产建设方针。人民政府向全旗猎民提出了变单纯狩猎为养猎并举的号召，计划把具有贵重价值的野生马鹿饲养驯服成家鹿。这个大胆的设想提出以后，受到了猎民的赞同。自治旗根据毕拉河流域人迹少，鹿活动频繁的具体情况，派出以猎民和干部组成的捕鹿队，在毕拉河一带挖窖捕鹿。可是，在一夏一秋的时间里，窖里只陷进了黑熊和野猪，不见马鹿出没的足迹。挖窖捕鹿失败了。但是，这并没有挫伤猎民捕鹿的意志和积极性。经过反复的研究，猎民们提出了新的捕鹿方案——在大雪封山的冬季，骑马追捕野鹿。这受到旗人民政府的重视和支持。人们认真地分析了主客观条件，决定进行又一次实验。1959年严冬由猎民和干部组成的捕鹿队，向毕拉河流域出发了。

大兴安岭的冬天是极其寒冷的，真是呵气成霜，滴水成冰，大地冻出裂缝。可是，寒冷并没有减弱人们捕鹿的热情和信心，捕鹿队中出现了许多动人的事迹，诺敏努图克[1]的白录祥就是一位捕鹿英雄。

白录祥这位青年猎手，身体矮瘦而结实，具有不怕困难，坚忍不拔的鄂伦春族猎人的性格。人们都说他的心像白桦那样洁白，性情像松柏那样坚强，对同志和朋友像篝火那样温暖，而脾气却像桦树皮

---

[1] 努图克，乡一级行政建制，内蒙古鄂伦春人定居初的乡为×××努图克。

努图克的来源是，明嘉靖年间，成吉思汗胞弟哈布图哈萨尔十四世孙奎孟克塔斯哈喇率长子博迪达喇，次子诺门达喇等部众由呼伦贝尔地方东迁至努恩木伦（嫩江）流域游牧。奎孟克塔斯哈喇后裔归附清朝时有哲里木盟十旗，十旗下面又分为若干努图克分封给若干个子孙。由于哲里木盟十旗与清朝早期在政治联盟、经济、联姻等方面的特殊关系，哲里木盟十旗努图克这个组织未被八旗制度的苏木所代替而得以完整地保留到清朝末期。

“努图克”一词是蒙古语，在科尔沁地区有“爱玛嘎”、“努图克”、“好倴”（即火盆，科尔沁左翼后旗对“努图克”的俗称）等不同称呼，可以汉译为“族”。现在，蒙古语中有我的×××努图克，指我的×××草场，并由“草场”延伸为“家乡”之意。

吴旭升　摄

那样“一点就着”。就是他，在摄氏零下四十多度的冰天雪地里，迎着凛冽刺骨的寒风，为追赶发现的第一只母鹿，连续在马背上奔波了七天。他的眼睛布满了血丝，脸冻得像熟透了的苹果，猞猁皮帽上结满了霜花，“卡日密达”[1]上布满了汗水结成的冰珠。

七天中，他除了换马以外没有下过马背，肚子饿了就在奔驰的马上吃点肉干和冻硬了的馒头，渴了喝一点用狍皮裹着水壶里的水。疲倦、劳累时刻袭击着他。第七天，母鹿和“银盔银甲”的白录祥、白录祥的马都疲累不堪了，当白录祥就要追上，鹿又不顾一切地向冰河奔去，鹿在明镜般的冰面上滑倒了，白录祥从疾弛的马背上飞身跳下，但麻木的双腿已经不能行走，只得爬到还在挣扎的马鹿旁。经过林海雪原里七天的跟踪追捕，他终于捉住了这只母鹿。

---

[1] 卡日密达，鄂伦春语，狍皮袍。

诺敏努图克捕鹿试点的实践，证明马鹿是可以捕捉的，这极大地鼓舞了猎民养鹿的积极性。在诺敏努图克捕到第二只鹿以后，托扎敏、甘奎努图克的捕鹿也都开始了。自治旗人民政府于1960年初，举行了“掀起捕鹿高潮的誓师大会”，作了全面开展捕鹿的动员。于是各猎民村全面开展了捕鹿工作。仅仅在春暖雪化前的两个月的时间里，就捕到七十多只鹿。托扎敏努图克市奎村的老猎民绰额绰宝，独自一人在深山密林里捕捉了两只鹿。

捕鹿的成功，结束了完全依赖大自然的、不稳定的单纯狩猎活动，开始了稳定的养猎并举、“两条腿走路”的新的猎业经济，这是猎业生产方式上的一次重大的改革。

自治旗养鹿事业的发展并不是一帆风顺的。养鹿初期，公鹿有在发情期由于争夺母鹿顶架而亡的；仔鹿因饲养和管理不善而成活率不高，所以养鹿事业发展不快。后来人们认真总结了养鹿中的经验教训，安排了有经验的猎民专门饲养，并培养有临床经验的兽医工作人员担任鹿场兽医。到每年8月中旬鹿发情期，人们把公鹿分开圈养，实行分别交配。对仔鹿和锯茸后的公鹿加强饲养管理。由于采取了一系列有效的措施，集体养鹿事业走上了正轨，有了较大的发展。1965年，全旗养鹿繁殖到240只，比1960年的87只增长了近两倍。鹿繁殖的越多，锯茸也就越多，猎业收入有了稳定的大幅度的增加。

可是，在“文革”期间，养鹿事业遭到破坏。到1975年末，全旗养鹿数下降到90只，养鹿事业处于奄奄一息的状态。1976年以后，在国家的重视和扶持下，各村的鹿场合并为一个，鹿的繁殖率逐步上升，到1980年末，全旗养鹿246只。再后来，鹿场承包给林场，从此，鄂伦春族的养鹿业画上句号。

“林海卫士”

绮丽的大兴安岭哺育了大面积的参天古树、五彩缤纷的奇花异草和许许多多的珍禽走兽。生活在这里的鄂伦春族人民，自定居以

白兰提供

来，为保护养育自己民族的摇篮——大兴安岭，做出了传奇般的业绩。

鄂伦春族人民世世代代游猎在深山密林中，他们不仅热爱富饶美丽的家乡，而且深深地爱惜山林。但是，在传统的狩猎活动中有“烧荒引兽，放火寻角”的习惯。春季，人们放火烧尽陈年荒草，净化草场，以便长出鲜嫩的青草，引来野兽，同时烧过的林地有利于寻找脱落于荒草丛中的鹿角、犴角。不过，稍有疏忽往往会毁掉大片森林。

1951年建旗初期政府确定了“护林防火，发展生产，兴旺人口”的生产建设方针，把护林防火作为全旗的首要任务，组织了112名鄂伦春族猎民护林员，一边狩猎，一边巡山护林，一旦遇有山火，可以随时扑灭。遇着火则一边扑打，一边向防火指挥部报告，同时为扑火队当向导，奔驰在火场内外。鄂伦春族护林员以他们对大兴安岭的特殊情感和对这里了如指掌的本领，在护林防火工作中起到了特殊的、重大的、不可代替的作用，被人们誉为绿色宝库的“忠诚哨兵”，兴安林海的“坚强卫士”。

开发原始森林

20世纪50年代中期，国家派出开发原始森林的先遣队，测绘、地质、森林资源勘测队和铁路、公路测量队等等相继进入大兴安岭林区。

鄂伦春自治旗境内的林地开发，大体分为三个阶段。第一阶段是筹建森林经营部门。1955年内蒙古自治区林业管理局在鄂伦春自治旗境内筹建了多布库尔、奎勒河、毕拉河、诺敏四个森林经营局。第二个阶段是1957年和1958年，鄂伦春自治旗境内相继建立了甘河、阿里河、吉文、克一河四个森林工业局。第三个阶段是1964年开始的林区大会战，国家在鄂伦春自治旗加格达奇镇建立了会战指挥部，届时鄂伦春自治旗已成为大兴安岭林区初具规模的机械化森林工业生产基地。

现在，鄂伦春自治旗境内有一个林业管理局和七个林业局，年木材采伐量达一百二十多万立方米。截止1999年末，内蒙古大兴安岭林管局所属各林业局累计完成固定资产投资88亿多元，形成木材生产能力544万立方米，累计向国家提供商品材10320万立方米，上缴

白兰提供

利税33.4亿元。

禁猎

1996年1月23日，鄂伦春自治旗召开了禁猎大会，颁布实施《关于禁止猎捕野生动物的布告》。这是鄂伦春族历史上又一次深刻的革命。

1951年至1958年，鄂伦春族从游猎实现了全部定居，开始从根本上改变落后状况，这是鄂伦春民族的第一次历史性跨越。1958年到1988年，鄂伦春族经济实现了从单一的狩猎生产向现代生产方式转变，开始从事农业生产和多种经营，这是鄂伦春族生产生活方式的第二次历史性跨越。1988年到1997年，鄂伦春族经济社会各项事业迅猛发展。鄂伦春自治旗1996年实行禁猎，鄂伦春民族彻底告别传统的狩猎生产，这是鄂伦春民族第三次历史性的跨越。

禁猎对于鄂伦春民族来说，是一次痛苦的抉择。为了实现禁猎，鄂伦春自治旗的干部们挨家挨户进行深入细致的工作，摆事实，讲道理。鄂伦春族猎民虽然从感情上不愿放弃世代相传的狩猎生活，不愿放下心爱的猎枪，但是在国家利益、保护生态环境面前，他们别无选择，为了民族的发展，为了生态环境和子孙后代，他们必须改变生产方式。

禁猎对鄂伦春族社会影响是巨大的。生产生活方式改变了，但民族优秀的传统和文化不能丢，为了让世人了解鄂伦春民族，让民族优秀的传统文化发扬光大，鄂伦春人做出了不懈的努力。1997年在内蒙古自治区成立50周年的喜庆日子里，在极其壮观的蒙古包群落中，一顶鄂伦春人的“撮罗子”(斜仁柱)格外引人注目，斜仁柱内，摆放着标志着鄂伦春族传统生活方式的狍子标本和狍头、鹿角，但更多的是鄂伦春人在现代社会中经济文化建设辉煌成就的展现。望着那高高耸立的斜仁柱，人们欣喜地看到鄂伦春人50年来的巨大变化，同时也不禁为这个民族传统文化能够延伸和永存默默祝愿。

禁猎后为使猎民在转产过程中的生活得到保障，鄂伦春自治旗在原有待遇不变的情况下，发放猎业损失补偿费，依法设立了“猎民生产生活发展基金”，以补助、贴息和借贷的形式来保证猎民生产生活方式转变中资金的需求，设立了“生活困难救济金和养老保险金”，以发展猎民的养老保险等社会保障工作。1996年至1998年底共为猎民发放禁猎补助108.57万元，1995年至1998年发放临时困难补助近19万元。

1998年鄂伦春自治旗7个猎民村农作物播种面积达48240亩，粮食自给有余，猎民人均纯收入达2116元，猎民家畜存栏总数1115头(只)，4个猎民乡全部实现了通路、通电、通话的“三通”，猎民看上了有线电视。

2007年以来，内蒙古自治区、呼伦贝尔市领导多次深入鄂伦春自治旗调研，就猎民生产发展进行指导，提出了“3年内猎民生产性收入净增3000元、80%以上猎民参与生产、80%以上猎民有实质性增收”的目标。如今，猎区各乡都有立乡立村的特色支柱产业，逐步从单一的农耕生产经济中解脱出来，走上了特色种养殖、旅游等多种经营之路，庭院经济、山产品采集和民族手工艺品制作成为猎民富民

白兰提供

增收的又一主渠道，猎民致富途径不断拓宽。托河办事处木奎猎民村猎民白卫红看准时机，购买了一台四轮车，为办事处食用菌基地和卫生院建设运送石料，几个月就有5000元的收入。讷尔克气猎民村猎民吴秀峰看准惠民政策发展养羊项目，年收入1.5万元；猎民何国利家庭养殖火鸡、鸭子和笨鸡共580只，实现收入8万元。

鄂伦春自治旗有7个猎民村、310户猎户、967名猎民，2010年，鄂伦春旗继续采取四大班子包猎区乡镇、副科级以上干部与猎民结对子等方式，持续推进猎区经济发展和猎民生产增收。按照“一村一品、一村一业”的发展思路，加大项目和资金投入力度，累计投入3894万元（其中：猎民生产发展基金投入708万元；少数民族发展专项资金投入385万元；扶贫资金投入200万元；发改委争取上级投资2601万元），扶持猎民发展黑木耳和滑子菇种植、肉牛肉羊生猪育肥、蔬菜种植、特色养殖、民俗旅游等项目。

伴随时代的变迁和社会的飞速发展，现在在鄂伦春猎民的家里已难寻觅狩猎生活的影子，墙上没有了猎枪，满目的桦皮和兽皮制品被彩电、洗衣机、音响、电脑等电器以及衣柜、沙发等替代，所有的家庭都装上了电话，连老人也会用手机了，许多家庭购买了汽车和摩

白兰提供

托，与周围汉族家庭没有明显差别。但是，如果逢上喜庆日子，他们会从箱子或衣柜里翻出民族服装穿上，此时你可一睹猎民的风采。

延伸阅读1

狩猎方法

鄂伦春人的狩猎首先是对游猎地区的山川地形非常熟悉。他们对自己氏族活动范围的山脉的走向，河流的分布，哪个地方分布着什么野兽，都了如指掌。其次是对野兽的习性非常熟悉。他们可以用狍哨学狍崽叫，用鹿笛学母鹿叫，使其接近猎人；也会辨别兽踪，跟踪追击。

跟踪追随法，鄂伦春语叫“乌加任”。循动物的踪迹寻找猎取的方法，每种动物无论冬夏总会留下踪迹，猎人见到踪迹后，选好山形，看好风向循迹慢慢寻找，就可能见到动物。如果猎马好，且猎区山势平坦，树林又不很密，可以骑马追打，过去秋冬季猎野猪、捕捉公鹿用的就是这种方法。用这种方法也可以猎取虎、猞猁等猛兽。虎和猞猁虽跑得很快，但没有耐力，因而骑马追撵就可追上，见到虎就可以射击。猞猁如跑不动往往会上树躲避，猎人追到树下就可猎取。

猎犬围圈法，鄂伦春语叫“库日任”。当动物钻入密林，爬上陡峭山坡，或遇到虎、熊等猛兽难以接近时，猎人往往采取猎犬围圈的方法来猎取。当发现动物的踪迹后，将猎犬放出，猎犬会很快找到猎物并围圈住狂咬狂叫，猎人可乘机接近猎取。用这种方法也可以很容易地找到被击伤而逃匿的动物。

堵截法，鄂伦春语叫“阿黑玛任”，猎人在动物经常走动或在其必经之地堵截而猎取的方法。动物都有自己的活动规律，如：有的动物经常去河边或水泡子边喝水或吃水草，晚去早归，并有一定的来往路线，猎人只要一早一晚在此“守株待兔”就可以了。还有些动物如果受惊，就会不顾一切地往高山或密林深处跑，如果判断准确就可以在动物必经的地方堵截而猎取。猎人必须要有长期积累的经验方行。

蹲碱场法，鄂伦春语叫“库底日”，是鄂伦春人在春夏季打鹿茸(包括犴浑首)的最好方法。碱场是天然形成的盐碱地，鹿、犴浑等动物喜食盐碱，在春夏季的夜晚经常来此舔食盐碱。猎人根据这一规律来此碱场附近蹲伏，可猎到鹿、犴浑及狍子等动物。用同样的方法，也可猎到经常来水泡子吃水草和洗澡的鹿、犴浑等动物。

堵洞法或掏洞法，鄂伦春语叫“阿格顿玛任”，鄂伦春人猎熊的一种方法。一到冬季，熊要进入洞穴避寒，直到第二年的春季才能出洞。棕熊体大，不会爬树，就蹲伏在洞穴内。黑熊会爬树，所以一般在树洞内蹲伏。根据这一规律，猎人要猎熊就要仔细寻找，如果找到蹲伏有熊的洞穴就想办法让熊钻出洞来，然后猎取之。用这种方法猎熊虽有一定的危险性，但只要掏洞的方法得当，猎熊的效果还是很高的。

诱叫法，猎人用模仿动物的叫声来引诱动物而猎取的方法。春季猎人用狍哨诱叫狍子而猎取，秋季猎人用鹿哨诱叫鹿或犴而猎取。

其它一些兽类或鸟类也可用诱叫法猎取。

白兰提供

遛河法，鄂伦春语叫“鹄由任”，划着桦皮船或木筏顺水遛河的一种狩猎方法。在炎热的夏季，鹿、犴等动物都喜欢到河边乘凉或喝水、吃水草。根据这一规律，猎人只要驾船或木筏慢慢顺流而下，就可能遇到鹿、犴等动物，并猎取之。

窖鹿法，或称窖趟子捉鹿法。猎人在鹿或犴等动物经常走动的地方，拦腰用两三米长的木杆筑起一道木栅栏来，短则几里，长则十几里，其间留出多处缺口。然后在缺口处挖出约两三米深的土坑，并用树枝、树叶等物将坑口伪装起来。当鹿、犴等动物在此经过时，便会掉入坑内。过去鄂伦春人捉鹿后来饲养，就是用这种方法将鹿捕捉到的。

这些鄂伦春族原始的狩猎生产，是鄂伦春民族生存的最基本保障。

狩猎工具

鄂伦春人的狩猎工具主要是枪支。最早传入的是火枪；清末又传入“别拉弹克”（单响）枪；民国时期传入一部分连珠枪，后来使用

顾德清　摄

步枪。其次是马匹，它是狩猎乘骑和驮载的工具。第三是猎犬，它一直延续到使用火枪以后，每个猎人都有一两条。第四是桦皮船、滑雪板等，也都是传统的狩猎工具。

鄂伦春族自从17世纪中叶迁移到黑龙江南岸后，基本上居住在库玛尔、毕拉尔、阿里多布库尔和托河四个地区，猎场广阔，没有形成私有。但猎犬和马匹已经私有。各家的猎犬数量悬殊不大；但马匹数量悬殊较大，有的人家有马几十匹，有的人家只有几匹，没有马的人家也出现了，贫富之分主要看马匹占有多少。各家枪支的占有量也悬殊不大，一般一个猎人都有一支好枪，同时还有一支过时的旧枪。

除了枪支、猎马、猎狗，猎人打猎时还有用鹿哨、狍哨诱捕猎物。

鹿哨称“乌力安”，用松木削成牛角形，然后纵向锯开，将木心挖开，合上后用绳扎紧。使用时猎人将“乌力安”细端放在唇边用力吸吮，发出的声音很像雄鹿的鸣叫声，群鹿循声而来，便可射杀。

白兰提供

狍哨称“皮卡兰”，即将一条一厘米多宽的薄桦树皮叠成扁圆形含在口里，发出狍崽样叫声，母狍或仔狍欢蹦乱跳跟随来，即可举枪射杀，也可将闻声而来的猞猁等物射杀。

还有一种古老的狩猎方法——“打围”。

葱郁茂密的原始森林和陡峭的山崖峰峦，是熊、鹿、野猪等兽类经常出没的地方。捕获这些凶猛、狡黠的生灵，靠一个人单枪匹马是不行的。因此，猎人们往往自发组成十几人的小组，由经验丰富的老猎民率领，挎枪、骑马、带上刀具，领着猎狗，直奔深山老林。发现猎物踪迹后，要听从领头人的安排，有的在前面诱引，有的在后面围攻，还有人左右堵截，相互配合接应，加上陷阱，网套等工具和猎狗的帮助，最后制服强悍的野兽。

“打围”有两种目的，一种是为了猎取大量的兽肉作为食物储备，以猎狍、犴、野猪等为主，叫做“打菜围”；还有一种以猎取熊胆、熊掌、鹿茸、鹿胎等为目的，叫做“打红围”，用来交换生活用品或出售。

延伸阅读2

关于鄂伦春族两次“弃猎归农”和“抚鄂安边”式的定居。

历史上，阿里多布库尔、库玛尔、毕拉尔鄂伦春族下山定居两次，但均以失败而告终。

“弃猎归农”

光绪年间，清政府为安边保国，在鄂伦春地区采取了劝抚鄂伦春猎民弃猎归农的措施，以期通过鄂伦春族改游猎为农耕的方式来达到巩固其统治和稳定这一地区局势的目的。此期间，库玛尔路和毕拉尔路部分鄂伦春猎民在奇克、车陆、马浪沟等处建15所房屋定居，与其他民族合作务农、狩猎。经过清政府数十年的经营，“弃猎归农”措施的成效略见端倪，旗佐严密、村庄相接、阡陌纵横、鄂民稳定。其结果在一定程度上起到了稳固边防，遏止沙俄吞并的功效。但是，统治者为了保持鄂伦春族兵源和游猎，派员监督，放火全部烧毁了鄂伦春的房屋。北洋政府内外隐患，一时也找不到更好的解决办法，只好将清政府推行的“弃猎从农”措施略加修改形成民国初年的“抚鄂安边”政策，其实质是对“弃猎归农”政策的一种继承。

“抚鄂安边”

民国初年，面对沙俄对中国东北边疆虎视眈眈，鄂伦春地区旗佐制度废弛，鄂伦春人行猎山中踪迹难寻；地方盗匪横行的形势，民国

白兰提供

三年（1914年），阿里多布库尔、库玛尔、毕拉尔三路地方佐领提出拨给鄂伦春旗丁地亩、农具、耕牛，为其建筑住房，弃猎归农的建议。民国四年（1915）二月，黑河道尹张寿增根据地方官吏的意见拟定库玛尔、毕拉尔两路旗丁生计地亩放垦章程13条，制定划拨荒地3万垧为二路旗丁生计地，择地设屯、按户拨地，限期开垦、劝垦奖励等办法。当年3月，黑龙江巡按使将"抚鄂安边"计划上报北洋政府，得到"准如所拟办理"的批令。民国五年（1916），黑龙江巡按使朱庆澜正式颁批抚绥鄂伦春办法。将"抚鄂安边"政策系统化、制度化，其主要内容：

1.查户造籍，重建旗佐。政府派鄂伦春族协领入山林，调查鄂伦春人口、户数及马匹数目，上报政府。2.试办农业教导场。鄂伦春族世代狩猎，疏于农耕，为此，东北地方政府拟举办农业教导场，但由于种种原因，农业教导场未建立起来。3.实行寓兵于农政策。利用旧日旗佐，加以必要的改造，自民国四年至民国十八年间，先后组建了鄂伦春警备队、鄂伦春巡防马队、鄂伦春保卫团、鄂伦春山林骑兵游击队等武装。4.沿站设置鄂伦春村屯。设置村屯，安置鄂民是“抚鄂安边”政策的重要一环。5.广设学堂。民国初年，边境一带鄂伦春族略知满语，罕通汉语，相反却多通俄语。北洋政府出于稳定地方局势，维护边疆安全的目的，提出“启迪鄂伦春民”、振兴鄂民教育的建议。6.改革风俗，破除鄙习。采取分别赐汉姓，变革同姓不能通婚的风俗，以扩大通婚范围，繁衍种族人口；劝改鄂伦春族杀马殉葬、风葬之俗，以净化区域卫生；设置医官，种植牛痘以防止瘟疫泛滥，等等。

1921年，库玛尔路正兰旗鄂伦春族在宽河屯盖了十几所小房居住。以后，孟良海、关兰托等人又在新立屯仿造汉人的房屋盖了几撮马架子定居下来。1939年，日本入侵者为了从鄂伦春人那里掠夺毛皮、鱼肉，把将在“栖林屯”（新立屯）等地定居的鄂伦春人驱赶进山，又使其游猎为生。

古朴典雅与狩猎生活的需要相互辉映

GUPU DIANYAYU SHOULIE SHENGHUODE XUYAO XIANGHU HUIYING

兽皮制品和文化

作为狩猎民族，鄂伦春人民靠勤劳和智慧，创造了独特、完美的兽皮文化，他们的服饰，上至帽子、下至靴袜乃至各种生活用品，多以兽皮为原料。兽皮不仅经久耐磨，而且防风抗寒性能极好。不同季节的兽皮，可以制作各种不同的衣着。鄂伦春族服装以袍式为主，主要有皮袍、皮袄、皮裤、皮套裤、皮靴、皮袜、套头皮帽、皮手套、皮围裙、皮坎肩等，没有下半截的皮裙。这些皮制服装做得实用、美观，具有浓郁的民族特色。

白兰提供

山林里，看到头戴狍头皮帽，身着狍、犴、鹿皮衣裤，脚穿狍、犴腿皮靴的人，你一定会感到与环境是那么的和谐得体，现在，那已经是过去式了。

袍子主要是用狍子皮做

的。过去，鄂伦春人一年四季都打狍子。冬天的狍皮毛长毛厚，用来做御寒的皮衣。春秋季的衣服是用夏天打的狍皮做的，夏季的狍皮是沙毛皮，很短，颜色发红，所以也叫“红毛皮衣”。夏季的衣服是把皮子上的毛刮干净，用光皮板做材料。下雨的时候把冬天的旧皮衣毛朝外穿，皮衣就不会湿透。

剥下的皮子是不能直接做皮衣的，要先熟好。熟皮子是一件非常繁重的劳动。方法是把剥下的皮子搭在密林下阴干，再用铲形的铁质工具“毛丹”铲掉皮板上的肉质，然后将发酵好的狍肝和朽木渣均匀地涂抹在皮板上，等皮板发酵膨胀后用带齿的工具“克德热”刮掉油脂和残渣，再用“克德热”反复揉搓，皮子就熟好了。

鄂伦春族服饰的独特之处在于颜色的搭配和剪画的创意。

在长期与大自然的相互呵护中，鄂伦春族创造出独特的染料，其中柞树，尤其是朽了的柞木的作用很大。一株树，有它的年轮，年轮跟着树身长，长出了内环、中环、外环——在树身的中段或根部长成一片片迷人的回纹，黄色的毛毛茸茸的一层一层的蕊开出了黄色的花朵，而且是鲜艳明亮的。勤劳的女人们用它来印染服饰。她们称它为“依饮”。有人说，在说到“依欣”时，眼前仿佛有一种鲜艳明亮的颜色缓缓地流动在空气中。把“依欣”从柞树上取下后，用铁锅和狍、狍子的肝一块儿煮成褐色的水，将皮子染成黄色，然后用“乌罗草”代替刷子染衣物。经过“依欣”印染的衣物即耐用，又不掉色，正像鄂伦春人从不轻易丢掉自己本色一样。

鄂伦春人缝制皮制品，用的是各种兽筋线，主要原料是狍、鹿、狍的筋。将筋风干后用木锤砸捣使其疏散开来，成为很细的纤维，再把纤维搓成线。用这种筋线缝做的皮衣经久耐用，即使皮板穿烂了衣服也不会开线。

男女皮袍的式样基本相同，都是右大襟。为了美观和耐用，袍边和袖口都镶着薄薄的皮子，细细密密地绗得平展硬挺，衣领缝着猞猁皮或者狐狸皮。女式皮袍除了镶边外，在袍边、开衩的地方有美丽的花纹装饰。侧面开衩的地方一般是尖向上的云卷形花纹，衣袖和

白兰提供

衣角是对称的行云流水图案或“回”形花纹。花纹用彩色线缝制，鄂伦春人装饰的花纹很讲究对称，特别是左右对称。

男式皮袍鄂伦春语叫做“尼罗苏恩”，长度一般到膝盖以下，为了骑马方便，前后开衩。女皮袍叫“阿西苏恩”，比男袍长一些，到脚面，左右开衩。冬天穿的一件皮袍要用六七张狍皮。春秋季的猎装要比厚皮袍短一些，在膝盖上面。不论男女都扎腰带。

儿童皮袍式样与大人的相同，不绣花，也不镶边，只是在袖口和大摆处缝一圈漂亮的皮子，在皮袍的后背坠着纽扣、珠贝和铃铛。当孩子们欢快地玩耍时，清脆的铃铛声远远地就能听到，传达着孩子那天真烂漫的可爱。

裤子叫“额勒开依”，皮裤多用三张皮在秋冬季制成，裤长只到膝盖下，类似今天时髦的九分裤，裤脚收紧用带子系住，塞进皮靴里。女皮裤是长的，比男裤稍瘦些，样式和我们现在穿的工装背带裤差不多，裤腰从左向右折，系上腰带，前腰带兜肚至乳房，以便骑马时起到兜住乳房的保护作用。

到野外打猎时还要在外面穿上皮套裤，套裤无裤腰和裤裆，只有两条马蹄形裤腿，用皮绳拴在裤带上。男人狩猎、女人砍柴时都习惯穿上它，既保暖，又可以保护里面的裤子。皮套裤是用耐磨的鹿、犴皮制作，要刮掉毛，不仅结实抗磨，行动起来也很灵便。

人们说，鄂伦春人的靴子踩雪无声，由于长年出没于深山老林，鄂伦春人脚上穿的都是靴子，即使在夏季也是如此。皮靴是用十几条狍皮、狍腿皮等做成，底子采用结实的狍脖子皮或野猪皮、狍皮、熊皮，靴帮是用狍、鹿、狍的腿皮制作。根据靴帮的高矮和所用皮料的不同，鄂伦春人的皮靴分成“其哈密”、“温特”和“奥路其”。“其哈密”是用狍腿皮做的矮帮皮靴，“温特”是用鹿皮或狍腿皮做的高帮皮靴，这两种皮靴都是冬天穿的。里面套上狍皮袜，轻便暖和，穿这样的皮靴出猎，走路没有声音，不易惊动野兽。夏天穿的矮帮靴子叫“奥路其”，是用去掉毛的狍皮做靴帮，布匹传到鄂伦春地区以后便做布帮“奥路其”。

白兰提供

狍头皮帽“灭日塔”是用完整的狍头皮按原形制作的。猎到狍子后，完整地剥下头皮，保留两只角，晾干后按原来的形状在里面缝上布衬和毛皮，在原来眼睛的位置镶上两小块黑色的毛皮象征眼睛，把两个耳朵割掉，用兽皮做两只假耳朵缝上。这种帽子是狩猎的极好伪装，据说如果不换上两只假耳朵，猎人在远处就会误认为是真狍子而出现误伤。帽耳是猞猁皮做的，接上一圈，平时翻上去，冷的时候放下来遮风挡雪。“灭日塔”是大人小孩都喜欢戴的帽子，它不仅抵御严寒，狩猎时还可以起到伪装作用，是鄂伦春族具有代表性的服饰。

鄂伦春妇女喜欢戴猞猁皮帽，或者是镶着狐狸皮或猞猁皮的毡帽，帽子叫“阿文”，有四个耳，左右是两个大耳，前后是两个小耳，平时也翻在上面，天冷时候放下来。

鄂伦春人冬天戴的手套有三种，“瓦拉开依”，就是我们现在

白兰提供

戴的皮手闷子。“考胡落”，非常适合狩猎使用，深受鄂伦春猎人喜爱。“考胡落”是将一块长方形的狍皮一头剪成圆形，抽成像乌拉头一样的褶，大拇指和四指分开，手掌留口，再用一块条形皮做一个大拇指缝在口下面，平时手在里面，射击或抽烟的时候不用摘掉手套，从手掌开口处直接把手指伸出来，非常方便。五指手套，叫“沙拉巴黑”，制作精美，在手腕部镶上各种颜色的毛皮，有的在两道雪白的皮间夹一道黑亮的貂皮，在手背、手指绣上艳丽的花，叫人爱不释手。“沙拉巴黑”常常是男女之间的定情物。

鄂伦春人信仰萨满教。萨满的神衣是用鹿皮做的对襟长袍，没有领子，长约四尺。神衣上面有绣花的护肩、护身，十几条彩色飘带挂在后腰，飘带象征着羽毛，传说中的萨满是会飞的。萨满头戴神帽，帽上伸出三叉或六叉的鹿角，叉的多少，说明了这个萨满是大萨满，还是小萨满。帽子的前面坠着串珠或绦缨，遮住一半脸，前胸后背挂着铜镜，全身有序地坠满铜管、小铃铛、贝壳。萨满神衣重达五六十斤。萨满的神鼓“文图温”是用碶皮或鹿皮制作的，鼓槌头用熊皮包住。神鼓的声音洪亮沉重，在林间回荡着。

鄂伦春人不仅用狍皮做衣裤、靴帽、被褥、出猎的睡袋，许多日常用品也都是用狍皮做的。大被子需要七八张狍皮，小被子需要6张狍皮。鄂伦春人进山打猎走上十天半个月是经常事，在野外休息时钻进缝成口袋似的皮睡袋，地上再铺上狍皮褥子，一点儿也不会感到寒冷。

为了有效利用皮张，鄂伦春妇女会用不同颜色的皮革拼缝，或在上面绣花，或配上精巧的小饰物，用边角料做成漂亮的皮箱、皮兜、香囊、烟荷包、腰带、枪套、猎刀套等佩物。她们母亲给儿子做，妻子给丈夫做，巧手的媳妇们互相交流学习。可以说，作为从事单一游猎生活的狩猎民族，鄂伦春人创造的兽皮文化是完美而独特的。

如今，鄂伦春人的穿着趋于现代流行服装。但偶尔到野外活动还要穿上狍皮衣裤。谁的家中床上如果铺有狍腿皮褥子，那是相当讲究的。远离了游猎的日子，鄂伦春人心里仍然保留着对往昔生活的深深眷恋，喜庆日子里，老老少少都要自豪地穿上五颜六色的民族服装，和着独特的民族歌舞，沉浸在幸福欢乐之中。

桦皮制品和文化

桦皮文化体现了游猎民族源于森林、利用森林的生活特性。

定居前的漫长岁月，以狩猎为生的鄂伦春人以兽皮与桦皮为主要的生活资料，也可以说鄂伦春民间艺术品的主要载体是各种兽皮和桦树皮。桦树皮文化距今有3000多年的历史，是世界北半球各民族所特有的一种物质文化。

桦皮制品覆盖着鄂伦春人的全部生活，据《龙沙纪略》记载，“冠履、器皿、庐帐、舟渡，皆以桦皮为之”。从婴儿降生睡桦皮摇篮长大，结婚时桦皮衣箱、针线盒等是主要的嫁妆，丧葬时桦皮制品是陪葬物之一，那时的鄂伦春人的一生都离不开

白兰提供

桦皮制品。平时住的桦皮屋，生活中必不可少的锅碗瓢盆都是桦皮制作的，行猎时驾桦皮船，萨满进行祭礼时，把神圣的神偶从桦皮神盒中请出来受祭。

制作桦皮用品是一件需要经验的工作，通常由妇女承担。鄂伦春人剥取桦树皮的手法非常灵活，不仅能剥下又大又完整的桦树皮，而且使树皮里面的嫩皮不受伤，这样一两年后又可以长出新的树皮。6、7月时桦树水分大树皮容易剥取，人们将剥来的桦树皮削去硬皮和凹凸不平的部分，即开始制作成各种生活用品。

鄂伦春人的桦皮制品用途广泛，提水、洗菜、盛饭、装肉干、粮食、茶叶、烟叶、针头线脑、贮存野果等等。有桦皮篓（“空改”）、拾果箕（“古约文”）、水桶（“市灵刻”）、桦皮盆（“阿汉思”）、桦皮碗（“阿参恩”）、针线盒（“敖沙”）、烟盒（“玛塔”)等。

制作桦树皮用具时，根据不同用途的器皿使用不同的工艺，有的直接加工，有的需要蒸煮。制作桦皮制品时，先把桦皮割成需要的形状，然后用马鬃线缝住。

除了生活用具，桦皮制成的器皿成为采集时的主要用具。采集时把桦皮桶系在腰间，另外采摘都柿时用一个叫“古腰么”的半圆形的桦皮铲，“古腰么”的优点在于替代了用手直接采的方法，一株都柿只需抄一两下，就可采集完毕。

白兰提供

用桦皮器皿盛放野果非常保鲜。

桦皮制品中最为精细的做工要属桦皮箱，用来盛装衣裤、帽子和腰带，桦皮箱便于存放和游猎时使用。桦皮箱有长方形、椭圆形等，盖子及四周都雕刻着美丽的花纹，图案大多是连续的云形纹、波浪纹和几何形纹，也有花草和动物形象。鄂伦春人把未婚的姑娘当做最美丽、娇嫩的鲜花来看待，

白兰提供

姑娘陪嫁的桦皮箱上雕刻着“南绰罗花”，认为女婿有了“南绰罗花”就再也不会孤单。平时用的桦皮箱的箱盖边缘和箱体四周雕刻上“奎热格音”，象征永不变心。箱盖中央雕刻“珠勒都很”，象征夫妻永远团圆。桦皮箱上一般着红、黄、黑三种颜色，这是合家团聚的喜庆彩色，如果谁家的桦皮箱涂着蓝色和白色，则表示女人遭受了不幸。

雕刻花纹采用的是阴刻手法，即在桦树皮上用狍子或鹿骨制作的雕花工具“托克托文”击打成凹进的图案，“托克托文”有2齿、3齿、4齿三种，2齿工具是雕刻花朵，3齿、4齿工具是雕刻花边。雕刻的时候，先在器皿上画个草图，然后左手拿着“托克托文”，把带齿的一头对准位置，右手用猎刀或木棒轻轻敲打“托克托文”，时而是均均的直线，时而花蔓曲折，美丽的图案在雕刻者的手里随心所欲，呼之欲出。就这样一点一点地雕刻出图案。

桦皮制品上神奇而独特的花纹、图案集中表达了鄂伦春人的审美意识，桦皮制品渗透了鄂伦春人的物质生活与精神生活。

鄂伦春人定居后，由于从传统的游猎生活，转为定居的农业与林业，在行猎中方便而不易破碎的桦皮制品逐渐用得少了，外来的陶瓷、木器、塑料制品等逐渐代替了传统桦皮器皿，桦皮屋也只有个别

猎人在山林中偶尔使用，桦皮船由于其轻盈、便捷一直没有被放弃，但随着狩猎的减少，桦皮船的数量与使用也在减少，唯有采集野果的桦皮采集器一直在使用。

近10年来，民族旅游业的兴起，鄂伦春人的桦皮制作业出现了强劲的复兴，各个猎民村都出现了家庭式桦皮手工作坊。现在，鄂伦春桦皮制品不仅是大、小兴安岭地区的主要旅游纪念品，其他如哈尔滨、牡丹江等城市也有鄂伦春桦皮制品专卖店。随着各国游客的到来，鄂伦春桦皮制品已流传到国外。在黑龙江省的十八站鄂伦春民族乡还出现了桦皮协会，还有十几人组成的大型作坊。

鄂伦春桦皮制品成了内蒙古鄂伦春民族博物馆与内蒙古自治区博物馆展示鄂伦春族文化的主角，在北京等地的民族文化展示中，鄂伦春桦皮制品是引人注目的展品。

鄂伦春桦皮工艺深刻地影响了当地工艺品制作，出现了一批汉族的桦皮制作大家。原本不使用桦皮制品的汉族手工艺人，或者民族

白兰提供

工艺品销售商，对桦皮工艺品的流传起到了很重要的作用。当然，在鄂伦春自治旗，有相当一批鄂伦春年轻人在自家长辈的指导下，学习着桦皮传统的制作工艺，并有一些创新设计。村里的鄂伦春桦皮作坊，吸引了游客，他们不仅仅购买，更重要的是观看这种独特工艺的展示。

赛桦皮船、赛桦皮工艺制作成为鄂伦春重大民族喜庆活动的主要内容之一。

一般来说，剥取的白桦皮一般是大张的，心灵手巧的鄂伦春人，合理取材，做到一物活用。他们取下桦皮后，经过剥削和蒸煮等工艺加工，增加了桦树皮韧性。最好的桦树皮要用于制作桦皮船，因为桦皮船要长期在水中浸泡，用船行猎时肯定会与河中的石头相撞，需要坚固结实的桦皮制作，因此，人们选择皮质优良的部分作为制作桦皮船的原料。质量稍差的、皮质柔软的用作“斜仁柱”的覆盖物。而制作桦皮衣箱、水桶等根据需要也用到较大的桦皮，或者小一些的桦皮。剩余边料，可以制作小型器物，如桦皮碗、小盒、小盆等。再剩余的边料，剪裁成动物形状，作为儿童玩具。零碎边料也可作为在器物上补贴镶嵌的图案、花纹。

鄂伦春人的桦皮工艺娴熟，刀具锋利，在桦皮原料的裁剪中，浪费极少。最后剩余料，已无法加工，也作为引火材料加以收藏。

虽然，大、小兴安岭有取之不尽的桦皮原料，但鄂伦春人在萨满教观念的长期影响下，对身边的自然资源敬畏如神，爱惜有加。如往昔行猎时，需要取柴火取暖、煮食，他们只取已枯死的树枝，哪怕为此需要多走路、多付辛苦，对伴随着他们一生生活的桦皮，鄂伦春人同样珍惜爱护。

鄂伦春人的桦皮采集工艺，可以使桦树剥皮后不死，使桦皮资源与鄂伦春人共存、共生，永续无穷。但就是在此条件下，鄂伦春人仍然不轻易剥取桦皮。他们的桦皮船一般2个人一天内就可以制作一条，但他们实际使用桦皮船往往在10年以上。

往昔，鄂伦春人游猎在广袤千里的大、小兴安岭山林中，当时，那里的桦树林保护完好，比比皆是，因此他们都在行猎的住在地附近采集桦皮，并在附近的河边制作桦皮船，在临时居住的宿营地制作桦皮屋与桦皮日常用品，在桦皮屋后面搭建桦皮仓库，实现了自己制作、自己使用的应用模式。

图案艺术

民间艺术品没有纯粹的为了艺术而艺术的作品，民间工艺源于自然，源于生活，是鄂伦春人的经济和社会状态的反映，对于一个没有文字，缺少文字记载的民族来说，这些雕刻在桦树皮上、绘在兽皮上的图案，是鄂伦春人世界观的具体体现，也是研究鄂伦春社会发展的珍贵实证。

鄂伦春民间艺术品的主要功能之一是为了实用，如在皮袍的袖口、衣襟镶有图案的皮子，使皮袍更结实耐用。其次是为了表情达

白兰提供

意、美化生活，如在桦皮箱、桦皮篓上雕刻花纹，来表达鄂伦春人对生活、对亲人的美好祝愿。第三，鄂伦春人的民间艺术品的一个主要功能是宗教功能，人们用鬃毛编织、在皮板上绘制、用松木雕刻各种神偶精美神秘。

白兰提供

鄂伦春族有较高的雕刻与刺绣艺术，还有编织艺术，另外，鄂伦春人把桦树皮和皮子剪成各种图案和动物形状，表达他们对各种事物的想法。他们还把绘画和编织用于神像创造。鄂伦春人不但创造出自己独特的风格，而且达到了一定的艺术水平。

鄂伦春人的刺绣艺术主要表现在皮革制品上，主要是“阿文”(皮帽)、“苏恩”(皮袍)“阿拉木西”(皮套裤)、“乌搭罕”(皮口袋)、“萨勒巴齐”(皮手套)、“卡巴达拉嘎”(烟荷包)以及马褡、鞍鞯上。其中皮手套、烟荷包最为精美。皮手套的图案花纹用各色薄皮贴绣而成，其中手背多为吉祥结或云彩卷图案，手指关节是桃形或菱形图案，指尖部分则有指甲状图案。烟荷包上的图案多象征纯洁爱情，制作精美，使人爱不释手。

刺绣分为两种：一种是用彩色丝线直接刺绣；另一种是用染成多种颜色的小块兽皮，剪裁成各种花纹进行补绣。花纹多绣在皮袍的领口、袖口、大襟边沿和开衩处，多用红、黄、蓝、白、黑诸色。此外，还在皮裤的双膝上、各式手套的手背上、布靴子的靴勒上、皮板背包和烟荷包上刺绣。刺绣的花纹图案，花样繁多，变化无穷，多以花草、云纹和几何图纹。

鄂伦春人的刺绣工艺不仅是用在装饰服装上，与绘画一样用于制作神灵。

雕刻和绘画主要是用在桦皮制品和木制品上。鄂伦春人的各种精美桦皮制品几乎全部由妇女制作，如“宽给查”(桦皮桶)，“红盖”(桦皮筒)、“卡密”(桦皮篓)、“奥纱”(桦皮针线盒)、“阿达玛勒”(桦皮箱)等，无不雕有不同样式和颜色的图案。这些雕刻花纹大体有三种，云卷纹作为中心图案，象征吉祥；回转达纹用于制品的边沿或花纹四框；组合花纹主要用于制品盖的中央。雕刻的花纹除少部分外，大部分没有象征意义，主要是为了欣赏。雕刻时先用纸剪好底样，绘在桦皮制品上，然后用自制的特殊工具“托克托文”(骨制刻刀)雕刻。

在儿童玩具中，大人们时常用桦皮为他们制作小摇篮及桦皮背包，画上花草、蝴蝶等；这种花纹也刻画在桦皮盒的周边。在桦皮制品中，“阿达玛勒”是最精美的雕刻艺术品，这也是待嫁姑娘的嫁妆。“阿达玛勒”为长方形，在上面画的多是花草、动物、云及神像等，花纹染成红、黄、黑三色，各表示喜庆、吉祥和坚贞的爱情。

白兰提供

鄂伦春人还用桦皮剪各种形态逼真的鹿、狎、狍子、马、猎狗等。

当代的鄂伦春族艺术家采用传统的民间花纹及抽象的艺术手法制作出具有鲜明民族特色的桦皮镶嵌画，被很多人收藏。

剪皮艺术是鄂伦春族妇女在手工制作皮制品的基础上发展起来的。在缝制皮衣的过程中，为了皮袍、帽子、口袋、手套的边沿、四角结实耐磨，她们把制作皮袍剩下的边角料裁成对称的云形花纹，用狍筋线、鹿筋线缝在衣服的开襟和袖口，剪出花蔓形，缝镶在手套的手指和手背处，美观而实用。剪出的花纹有相对固定的花蔓、云卷、水波纹、几何形等图案。但何处有弯，弯的大小，一般是随心所欲地发挥，先在大脑中构思出要裁剪的样式，然后直接下剪。少女们初学剪皮手艺时，往往用大家公认的好作品作样本，依葫芦画瓢剪下来。

鄂伦春族的剪皮艺术用的材料以原色彩为主，采用阳剪法，即把剪好的图案缝或贴在皮衣、皮具上，图案是凸出在上面的。

鄂伦春人信仰的萨满教是以“万物有灵”为基础的古老宗教，认为人处在各种神灵的庇护之中，因此萨满教在鄂伦春人的生产、生活中是无处不在。一些绘画、刺绣和雕刻作品都是因宗教而产生又为宗教服务的。

山神“白那查”的像是刻绘在桦树上的，在大树不足一人高的地方剥掉一块人头大小的树皮，然后在上面刻画上眼睛、鼻子、嘴，特别是要表现在的是胡须。另外是绘画在布上的神像，在布上画一个太阳表示太阳神，画一个月亮表示月亮神，画一排有头、有胳膊、有腿的人像代表祖先神等等。尽管这些绘画有些粗糙，但是形象神似。

编织的生产、生活用具

鄂伦春族常用马鬃、马尾、犴毛、熊毛和狍脖皮条编织生活用品。如用马鬃、尾编织绳索、笼头、马拌；用犴、熊毛编织褥子；用狍脖皮条编织网兜、笼头、马拌。其方法是先把鬃、尾等毛搓成绳，把狍脖皮转圈割成条，然后进行编织。

鄂伦春族的艺术作品还有很大一部分是给孩子们的，他们用兽皮、桦树皮剪，用松木雕刻出小马、狍子、犴等动物给孩子做玩具，同时也通过这些动物玩具教孩子们熟悉各种野兽的习性，让孩子

白兰提供

们在玩耍中掌握本领。

后人将鄂伦春族生活用品和部分生产用品总结为兽皮文化和桦皮文化。我们说的是，鄂伦春族在漫长的历史演进过程中，始终没有离开过深山密林。每一位鄂伦春人都是民间艺术家，也许，因为他们没有走出森林，才完整地保存了狩猎民族民间艺术的原始风貌，为中华民族大家庭保留了一份珍贵的历史文化遗产。

兴安岭特有的山珍美味

XINGANLING TEYOUDE SHANZHENMEIWEI

鄂伦春族是狩猎民族，长期以来，饮食都是以兽肉为主的，但是，他们在狩猎的同时，还捕鱼和采集野菜野果，所以，他们在加工猎取的狍、鹿、犴、野猪、熊肉和各种飞禽、鱼时，逐渐形成了一套狩猎民族特有的饮食习俗。

飞禽有飞龙“依尼黑”，就是榛鸡、野鸭“尼黑臣”、野鸡“阔若果尔”、沙半鸡“尼奇团依尼黑”、乌鸡“特恩楞”等。鱼有哲罗鱼“哲力”、细鳞鱼“纠若”、鲫鱼“卡里”、大马哈鱼“克俄塔”、柳根鱼“提尔库”等。

鄂伦春人还猎打灰鼠“乌勒黑”、兔子“图下黑”、猞猁“体

白兰提供

布奇黑”等，灰鼠肉很鲜美，鄂伦春人也吃兔子肉，在没有肉时有人也吃猞猁肉。

早期，他们大概有生食兽肉的习惯，这点可从直到现在鄂伦春人还喜欢吃狍子生肝和生肾的习惯中得到佐证。但是，也可以这样认为，在很少食用菜蔬的游猎民族或者游牧民族中都有吃带血的肉的习惯看，这是他们获得维生素的主要来源。似乎这种习惯是他们在一个特定的环境中的科学选择。

使用火以后，他们用烧、烤、煮等方法食用兽肉。鄂伦春人喜欢把兽肉和野菜一起炖着吃。

鄂伦春族饮食以肉为主，猎物充足的时候，一个成年人一年大约要吃400公斤肉。鄂伦春人食用兽肉和制作肉食的方法很多，在烧、烤、煮、熏中表现出极大的民族特色。鄂伦春人喜欢吃手把肉，没有铁器的时候，他们把狍子或者鹿的胃当锅，里面装入水和肉，吊在文火上煮肉。或是把石头烧热了，反复投进装着肉和水的胃里。煮肉时什么调料也不放，吃肉时蘸盐水或韭菜花。对鄂伦春人来说，

白兰提供

肉是最可口的饭菜。吃过正餐，主妇们摆上松子、榛子等干果，拿出秋季腌在桦皮桶里的笃斯酱和稠李子、山丁子。这些野果把小孩子们的牙齿和舌头染成了紫黑色，他们聚到一起，大家伸出舌头、呲着牙齿，比一比谁的更黑一些。

长期的狩猎生活积累，鄂伦春人有一个叫“阿素木”的美味。

近百年来，大、小兴安岭人口渐渐增多，野兽大为减少，兽肉作为主食已经不可能，于是他们用一些珍贵皮毛和野兽身上的药用部分，跟进山的汉或者达斡尔商人换取粮食食用，于是有了肉粥等粮肉搭配的食法。现在主要是以粮食为主食，偶尔猎取到猎物，也是作为副食品了。但是，如果兽肉多，或者牛排、羊排等多的话，鄂伦春人还是愿意做“手扒肉”吃。

定居后，鄂伦春人开始从事种植多种经济作物，引起饮食内容和习俗都发生了很大变化。

饮食的种类和制作

鄂伦春人的饮食主要分为两大类：即食物和饮料。食物中又分为兽肉类、鱼类、野菜和野果类、粮食类。

早期，鄂伦春族每餐都是以肉食为主，因猎获的狍子最多，因此主食主要是食狍子肉。他们制作肉食的种类很多，常食用的方法有：

“乌罗伦”（煮肉）。即把带骨的兽肉切成大块，用水煮，煮得鲜嫩即可食用，这就是“手扒肉”。

“西勒”。就是炖肉汤，把肉切成小块，或者把大块骨头连肉砍成小块放进锅里炖，做“西勒”时，通常要和野菜“昆毕”、“坑古勒”一起炖。这是鄂伦春人最常吃的食物。

“席拉兰”（烤肉）。将一根约一米长的木棍两头削尖，一头插块去骨的瘦肉，另一头插在篝火旁的地上，把肉烤得两面焦黄即可食用。

“达拉嘎兰”（烧肉）。切一块瘦肉埋在热灰里烧，烧得外黑内红即可食用。

“库呼乐”和“西鲁哈”（晒肉干）。“库呼乐”是把肉切成小块煮熟晒干；“西鲁哈”是把生肉切成条，晾在架上，地上生烟火熏烤，待冬季或鲜肉短缺时食用。

“阿素市”。一种是“杂碎”，把剔骨肉、兽肺、兽脑浆，煮熟切成小块和在一起，加野猪或熊油及野葱花，放在锅里热一下，即可食用，特别好吃，鄂伦春人把这当做招待客人的佳肴。另外一种“阿素市”是熊肉的特别做法，把熊肉切成小丁，加少许熊油和野葱花拌炒，吃熊肉“阿素市”时必须是全“乌力楞”的人一起吃，还要举行仪式，这与鄂伦春人的萨满教信仰有关。

“皮有色”，即灌血清的吃法，这是非常考究的食物。做法是，猎到鹿、狍后，把胸腔剖开，并用猎刀在肋骨上划几道，停放一个小时左右，待鲜血慢慢沉淀下来，上面便浮起一层清澈透明的乳白色液体，这便是血清。然后将血清轻轻灌进收拾干净的肠子里，加上些食盐、野韭菜花等，煮好后的血清又白又嫩，味道极为鲜美。而且，“皮有色”并不是时常都能吃到的食物。

白兰提供

“阿斯根”是生吃狍的肝和肾的一种吃法。不过也有猎人喜欢吃鹿和狍的肝和肾。“阿斯根”的口感最好时是刚刚打到的狍子后即开膛取出肝、肾，晾凉后蘸着盐水吃。

“库呼热”，就是晒肉干。是把肉切成条放到锅里煮，半熟时拿出来晾凉，再切成小块加盐和山葱等调料再煮，肉稍有点煮烂，拿出来晒干即可。晒干的方法是把肉干平铺到柳条干缝成的帘子上，事先把帘子用木头做个架子架起来。如果有时间的话，待肉干半干后在架子下面烧上松木火，慢慢熏烤，干透后收起来。这种方法加工出来的肉干既不受虫害，又不会发霉，保存的时间比较长，又好吃。

“乌日嘎仁”，也是晒肉干。这种肉干的做法是把肉切成长条，挂在横木杆上晾晒。为了使肉干干得快，并防苍蝇，也还要架上松木火熏烤一下。这种肉干可以保存三四个月。在夏季出猎的猎人通常用这种方法处理兽肉，否则，天热他们无法从远处带回兽肉。

“依木色卡仁”，就是炼油。秋季的野兽一般都很肥，尤其是野猪和熊，脂肪很多可以炼出不少油以备过冬或者缺油时食用。因此，每到这个季节猎人们都会专门打野猪和熊。装油的容器是桦皮篓以及鹿、犴和野猪等大型动物的膀胱、肠子。将膀胱、肠子洗干净，吹足气晾干，干后就可以装油，炼出来的油做菜、烙饼，做“阿素木”什么的。有的猎人还会在出猎前喝点熊油，细腻而活性元素极强的熊油既抗饿又耐寒。

“乌玛提”，就是吃骨髓。骨髓不仅好吃，而且营养价值非常高。小孩子们尤其爱吃。狍子骨髓不太油腻，鹿和犴的骨髓油很大，小孩子往往吃不了几口，就成为了老人们和大人爱吃的好东西了。猎民们出猎归来，骨髓是受孩子们特别欢迎的好东西。在寒冷或者干燥的季节，人们用骨髓往脸上手上抹，相当于现在的护肤品。猎人还把骨髓抹在枪上，以防上锈。

鱼的做法：

鄂伦春人游猎的地方河流湖泊非常多，河里湖里的鱼非常多。鄂伦春人做鱼的方法也不少，一种是用水煮，原河水煮原鱼，味道会很好。还有人把鱼用淡水煮熟后蘸着盐吃，与吃手把肉类似。而年轻人抓到鱼后，喜欢把小鱼放在火上烤或埋在炭火里烧，熟后食用。为了冬天吃鱼，他们把鱼晒成鱼干或生鱼坯子，食用时放在锅里煮。

白兰提供

鄂伦春人采集食用的野菜和野果有十几种。

柳蒿芽是接触汉族后叫的野菜名，鄂伦春语为“昆毕”，是鄂伦春人特别爱吃的野菜。除鲜吃外，要大量采集后晾干贮备，留作冬天吃。食用方法主要是和兽肉、骨头肉炖着吃。

“坑古勒”是山芹菜，有的鄂伦春人也叫“鲁塔努阿”，即“俄罗斯菜”。把“坑古勒”采回来后通常是编成辫子状晒干，一般是和“昆毕”混着与肉，或者肉骨头一起炖，特别好吃。有时在刚采回来后，剁成细菜末，与狩肉或者狍子肉馅做成肉馅包“仙奴万”（饺子，鄂伦春话，意为“像耳朵一样”）吃。

做“仙奴万”时，鄂伦春人更多的是用山葱、野韭菜做馅。改善生活时，鄂伦春人也会做馅饼。

野葱叫“俄努和特”，野韭菜叫“卡列日”，多是生吃，也晒干贮备做调料用。野韭菜也可以做成咸菜，味道鲜美，尤其在冬季吃真是一道美味。

鄂伦春人食用的野菜还有“都如布金”（意为“四叶”），现采现吃。现在在鄂伦春人生活的城镇，饭店里用四叶菜做饺子或者包子，成为深受欢迎的绿色特色的佳肴。

鄂伦春人采集的野菜还有“的老楚”（黄花菜）、“纠鲁那”（酸姜叶）等，春天时还会挖一些野百合根“依克西”吃。

野果一般是随采随吃，通常是稠李子（英格特）、山丁子（莫里格特）、都柿（吉格特）、榛子（西西格特），采集的较多，储存食用。

秋天，采稠李子后将其晾干贮备，冬天用它做粥吃。而山丁子、都柿采来后装在桦皮桶里，埋起来保存，由于搬迁时不便，山丁子和都柿采得比较少。其他还有灯笼果、野草莓、水葡萄，随采随吃。都柿有时用来做酒。

自从粮食输入后，鄂伦春人学会了制作米面食品。

不过，做米的方法比较少，大多数的时候是用米熬成肉粥，干饭只是偶尔吃。

白兰提供

饼是鄂伦春人爱吃的一种食物，他们最拿手的是将面和好做成圆环放在热灰中烤烧，叫“布拉玛日”，蘸着熊油或者鹿和狍的骨髓油吃，味道、口感都很特别。鄂伦春人也爱烙饼，烙饼叫“考斯玛勒”。鄂伦春人最喜欢用面粉做面片（片尔坦），用狍子肉、飞龙肉做汤，美味无比。他们也做面条和饺子。过去鄂伦春人做发面食品较少。出猎时多带炒面“阿日”，“阿日”也能随时食用，很方便。近几十年中鄂伦春人学会了许多米面的烹饪方法，米面制作的食物已同东北地区的汉族没有什么区别。

鄂伦春人的饮料主要有四种：

夏季主要饮用泉水和河水，冬季饮用冰水和雪水。一般人都是喝生水，只有老人才喝开水。

鄂伦春族也有饭后喝茶的习惯。早期是采黄芩叶晒干当茶喝；茶叶随着“谙达”的输入后，鄂伦春人选择了红茶和砖茶，这两种茶对消化肉食是很有帮助的。

春夏季，白桦树水分丰富，从树干下部将皮切开一个小口，树汁就会流出来，汁有甜味，小孩爱喝。猎人出猎在找不到水源时也用它解渴。

白兰提供

过去在山林里生活，鄂伦春人曾经有嗜酒倾向，清朝时就有文字记载“尤为酷嗜”。他们不认为酒精对人体有危害，而是很喜欢迷醉于酒所带来的幻觉中。过去，鄂伦春人会用马奶制酒，白酒输入后主要是饮用交换来的白酒。

马奶酒的酿造，鄂伦春人说学自于蒙古人，因为一些部落的马匹来自蒙古人。将马奶和小米放在一起发酵几天，然后在锅里煮，锅上放一圆桶，顶部放一盆冷水，蒸煮需用一两个小时，桶边有一小孔便于蒸汽流出，蒸汽冷却后便成马奶酒。

都柿酒是鄂伦春人山林生活中的发现，他们发现无论人吃多了还是动物吃多了都柿都有迷迷糊糊的状态，特别吃了有点发酵的都柿，人会很兴奋。于是就开始储存和发酵都柿，在婚丧嫁娶中、节日聚会中人们喜欢饮用让人变得快乐的都柿酒，在歌舞中欢乐通宵达旦。

鄂伦春人有吸烟的习惯，成年的男女基本都会吸烟。烟叶是与满、汉、达斡尔等民族交换来的。青年人多用纸卷着吸，老头喜欢用

白兰提供

烟斗，老年妇女一般用细杆长烟袋。喜欢吸烟的人们都有烟荷包，女性的烟荷包比较讲究，画面绣有精美的图案。男人的烟荷包稍大些，除装有烟叶、烟纸和烟斗外，还装有火柴或火镰。火镰是猎人们必备的引火物，鄂伦春人用的火镰多是自己加工，取一块厚约0.5厘米，长约6厘米的长方形铁块，将一面用硬皮包好，再将另一面磨成月牙形。引火物是长在松树上的一种树菌，用木锤砸成棉花状即可。取火的方法是将少许引火物放在火石（即玛瑙石）上，用手捏住，然后用月牙形的铁块用力擦砸，发生的火星落在引火物上，就能将其点燃。

饮食的风味特点

鄂伦春人的肉食具有浓郁的野味特点，就是鲜嫩、香酥、清淡。首先，是鲜嫩。他们一年中大多时候是食用刚刚猎取的野物。他们认为，要保持兽肉的鲜味，就是剥完兽皮煮、烤肉时，不能用水洗，用水洗就会丧失鲜味。在煮、烤时，还要掌握火候，煮、烤到七八分熟，即一块肉中间尚有粉红色，认为是恰到好处。对兽肉进行如此加工，就会格外鲜嫩可口。其次，是香酥。把兽肉放在篝火上反复烘烤，烤得肉上的油脂不断滴在火上，肉呈焦黄色，咬在嘴里酥香鲜嫩，能增加人们的食欲。把狍、鹿、犴肉煮熟晒干，肉呈黑红色，肉丝蓬松，嚼在嘴里酥脆适口，回味无穷。第三，是清淡。他们在煮肉时，肉汤中不放盐和佐料；煮鱼时，江鱼要用江水煮，河鱼要用河水煮。食肉时蘸点盐水。喝肉汤时放点盐面，认为这样，能保持清淡鲜美。

食俗礼仪和禁忌

鄂伦春人是一个好客的民族，只要来到他们的“乌力楞”，他们就把客人让到“斜仁柱”里，向客人敬烟敬茶，如果有现成的肉食也要端上来，没有的话主妇们要马上去准备。主人的款待，客人不能拒绝，否则被认为是对主人的极大侮辱。

举行婚礼之日，双方的亲友一律赴男家筵宴。鄂伦春人的筵宴，就是喝酒、吃肉。

鄂伦春人死后要举行丧葬仪式和周年祭。在这两次祭祀中，亲友们远道相聚带来给死者上供的酒、兽肉等，祭奠之后，供品大家当场分享。

鄂伦春人在饮食方面有不少禁忌：

打到大的野兽，开膛时，心脏和舌头要连着，直到食用时才能割断，认为早割断就再也打不到野兽；熊是鄂伦春人的图腾，鄂伦春人吃熊肉前要给熊磕头。

有的禁忌是针对女性的。在有的流域不许妇女吃熊肉或不许吃熊的前胸肉；野外祭祀时，妇女不能吃供奉的牺牲；妇女在经期和产期不能吃野兽的头肉和心脏等，认为妇女不洁，吃了某部分对打猎不利。大部分禁忌是从迷信出发的。但有的禁忌，如孕妇不能吃獐子肉，有些科学道理，因为獐子产麝香，是大凉，吃獐子肉易于流产。

炊具、餐具、进餐

鄂伦春族的炊具极为简单，在铁锅输入以前，一是用桦树皮桶煮肉。方法是把肉切成小块和水放在桶里，再把石块烧红放在桶里，反复数十次，肉就煮熟了。二是用大兽的胃当锅，方法与桦皮桶煮肉一样。铁锅输入后，每家都有一口，煮肉时把它吊在篝火或火塘之上。盛汤用自己做的木勺，木勺是用小桦木削制而成的。切肉切菜均用猎刀。许多家庭用猎刀掏凿了大约40厘米长25厘米宽的船形菜板，以免切菜时掉在地上，搬迁时携带也很方便。

餐具主要是桦皮制作的碗和盆。炖菜是盛到碗里，每人一碗，用筷子夹，筷子是用骨制作的。吃手扒肉时左手拿肉，用牙咬住，右手拿猎刀向上割断。割肉方法每个人都十分娴熟，绝对割不了嘴巴。

过去，鄂伦春族一日两餐，冬季是太阳出来后用早餐，餐后出

白兰提供

猎。夏季是早晨起来先出猎，猎归用餐。晚餐不论冬夏，都是等猎人回来后用餐。在猎场用餐是围在篝火四周，在家用餐是在“斜仁柱”中围坐在火塘四周，出猎在外则由“吐阿钦”（做饭的人）制作和分配，盛饭顺序是从长到幼。由媳妇制作和分配，而不是自己动手盛，通常先盛饭给公公和男性长辈，然后是丈夫，再是婆婆、孩子，最后是自己。

白兰提供

“斜仁柱”撑起的天地

XIERENZHU CHENGQIDE TIANDI

美丽的大小兴安岭山水相连，翻过山的那边是河，蹚过河水便又是连绵的群山。我们看到，在山脚下溪水边的开阔地，有一排锥型建筑“斜仁柱”，这就是鄂伦春人的生活营地。

与定居民族不同的是，住宅对于鄂伦春人来说，就像一件皮衣或桦皮箱一样，是可以卷起来驮上马背就走的物件，不是用来世代相传的祖业。

一个“乌力楞”一般有3~5个“斜仁柱”，也就是3~5户人家。

“斜仁柱”这种类似美洲印第安人的庐帐住所，非常适合于游猎生活。

白兰提供

“斜仁柱”是一种圆锥形的住所。搭建“斜仁柱”，不用钉，也不用绳，利用树杆本身的枝杈交叉固定。“斜仁柱”的主干是两根粗壮结实的树干，搭成“人”字形支架。然后把6根稍微细些的木杆搭在主干枝杈上，使其相互咬合，上面再搭上20来根辅助杆，这就是“斜仁柱”的主体框架。“斜仁柱”的覆盖物，夏天用桦皮，冬天用狍皮。加工好的苫“斜仁柱”的桦树皮，在鄂伦春语里叫“铁克沙”。6、7月份，把桦树皮剥下来后，削平凹凸不平的地方，放在锅里蒸煮，晒干后拼缝起来。“铁克沙”的优点是美观、易卷起，但由于很薄，冰雹一打就会出窟窿。也偶有一些人家用芦苇苫“斜仁柱”，他们把割回来的芦苇剥去叶皮，用马尾线穿成帘，盖到“斜仁柱”上，茅草屋式的“斜仁柱”适合夏季居住。在寒冷的隆冬季节，鄂伦春人用六七十张狍皮缝成两大一小的三块围子，两块大的扇形围子将“斜仁柱”围得严严实实、暖暖和和，另用小的一块做门帘。“斜仁柱”一般在南面留门，门高约1.5米，宽约1.2米，门上夏天挂柳条杆穿成的门帘，冬天挂狍皮或鹿皮门帘。由于“斜仁柱”是在室内生火，因此在苫盖“斜仁柱”时，要在顶端留出空隙。

“斜仁柱”是鄂伦春人传统的住所。通常要选择一处背风朝阳、地势平缓、较为空旷的山坡作为“乌力楞”的宿营地。宿营地背山面水，前面不远处是潺潺的小溪，女人提着桦皮桶到溪里打水做饭，后面背靠崇山密林，那时猎物很多，猎人出去打一只狍子就像到自家羊圈里拿只羊回来一样容易。“斜仁柱”要一字排开，不能前后排列，因为每个“斜仁柱”后面的小树是供奉神灵的地方，这里对外人、对女人都是禁地。每家在“斜仁柱”前面搭起晒架，铺上柳条，晾晒肉干、野菜和捕来的鱼。

鄂伦春人居住用的“斜仁柱”面积一般在十几平方米。“斜仁柱”的内部，左面、右面和门对面都是住人的铺位。铺用木杆搭拼而成，上面放些干草，干草上再铺狍皮褥子。“斜仁柱”对门的铺位叫“玛路”，“玛路”的上方挂神像龛，里面供奉着祖先神。“玛路”是尊贵的客人和长辈的位置，家人一般不允许坐在这里，禁止妇女靠

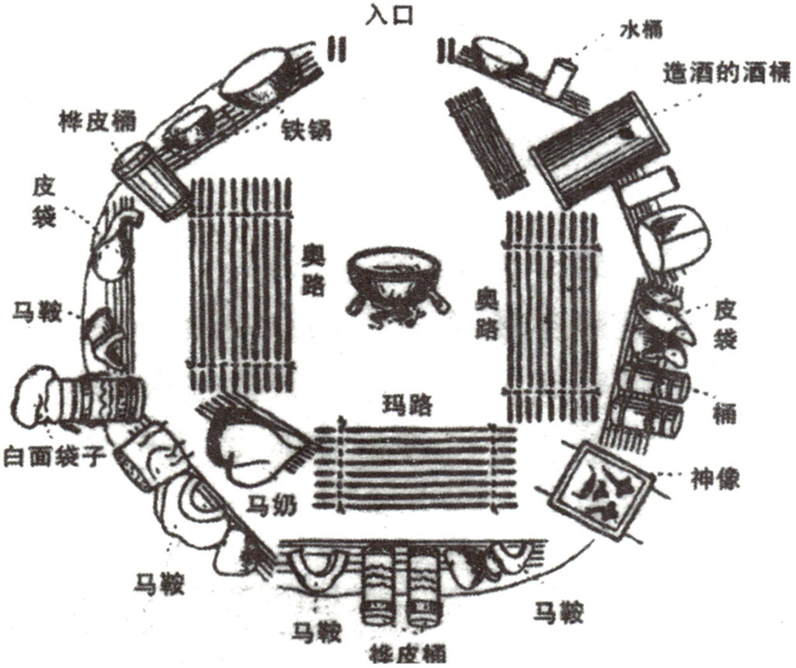

白兰提供

近，左右两侧的铺位叫“奥路”，是中年夫妇和青年夫妇的席位。

在青年夫妇住的右侧铺位上方，搭着横木杆，是吊孩子摇篮用的。鄂伦春族小孩用的摇篮，式样大体与汉、满族的摇车相同。特点是：鄂伦春人的摇篮不是平的，而是像躺椅那样弯折的。这是因为鄂伦春人经常在马背上，既便于妇女背在身上，又使孩子睁开眼睛就可以看到兴安岭皑皑的白雪或是茂密的浓荫，他们就会不哭不闹乖乖地跟着旅行。

“斜仁柱”的中央是终年不熄的火塘。在鄂伦春人的游猎生活中，火是极其重要的，火神为女神，专由妇女供奉。

当“乌力楞”迁徙的时候，鄂伦春人只取下“斜仁柱”上的苫盖物，支架就竖在原地。

白兰提供

“奥伦”建在木乌力楞游猎区域内的山中，贮存暂时不用的衣物、肉干、粮食、野菜、野果和弹药。做“奥伦”需要较高的技术，一般人还不会做呢。先找四棵稍粗些的树做基柱，在距离地面3~4米的地方锯掉树的上半部，然后铺上碗口粗的树杆做底面，用小木杆像砌砖一样砌成墙壁，再用树杆和桦树皮做成“人”字形房顶。“奥伦”悬空搭建，并把基柱的树皮剥掉，这是为了防止野兽攀上糟蹋东西。“斜仁柱”随着狩猎场地的变更不断迁移，“奥伦”则留在原地不动，有时“斜仁柱”距“奥伦”的距离有两三天的路程。其他“乌力楞”的人，在打不到猎物时，可以到别人的“奥伦”中取食物，事后如数还上就可以了。如果不还，主人也不会去索要，他们认为拿食物的人一定有困难，在深山老林里谁能保证自己永远不缺粮少肉呢？当然，到别家“奥伦”取东西的人除了食物以外不会拿其他别的什么，而且不会多拿。

鄂伦春人过冬时为避寒建造“地窨子”，即在朝阳的山坡挖一个一米多深的土坑，土坑内立几根柱子，钉上两根横梁，然后用木杆斜着搭建屋顶，上面铺柳条再抹上泥、苫上草，在朝阳的一面开门窗，屋内用木头架上床铺。“地窨子”最大的特点是暖和，但潮湿、昏暗，是黑河一带鄂伦春人早期较为固定的住所。

“马架子”房在平地上搭建，墙壁是在树条间夯进泥，并抹上泥而成，屋内修建火炕。使用这种“马架子”房是民国时开始的。

近代，开始从事农业生产的鄂伦春人盖起了木刻楞，修建在一年中居住时间最长的地方。木刻楞是俄罗斯式的建筑，房子的墙壁是

白兰提供

用直径30厘米左右粗的大原木两面砍平互相咬合垛起来的，缝隙用泥或苔藓封死，松木板做房盖。

“恩克那仁柱哈汗”意为“裹摇篮的地方”，专为生小孩而搭建的产房，小型“斜仁柱”。鄂伦春人认为产妇的血会影响猎人打猎的运气，因此产妇都到“恩克那仁柱哈汗”中生产，坐月子期间只是几天，而不是一个月，由母亲、姐妹照顾。如果丈夫去送饭，就把盛饭的桦皮盆系在木棍上，远远地递进去。

定居后，国家为鄂伦春族猎民建设了猎民新村，先是“木刻楞”，后来是砖瓦房，房前房后都有很大的菜园子，里面种植蔬菜、养殖黑木耳。

现在，鄂伦春自治旗的鄂伦春猎民村全部实行社区化建设，房舍结合中国北方民居和俄罗斯风格特点，新颖别致的猎民村成为兴安岭深山密林中的一道独特优美的风景。猎民社区里，村委会、文化室、图书室、村党校一应俱全。村中央还矗立着表现民族特点的猎人雕像。黄昏，家家打开电灯，如林海中一颗颗夜明珠；家家用上了电

白兰提供

视、电话。城镇里的鄂伦春人已搬进了楼房。

2008年后，有的猎民村盖起了楼房，是政府提供的，年轻人特别高兴，认为自己与城市人差不多了。

深山密林里的桦皮船和滑雪板

SHENSHAN MILINLIDE HUAPICHUANHE HUAXUEBAN

鄂伦春族繁衍生息的大小兴安岭地区，特殊的生产方式、特殊的生活环境，既有遮天蔽日的原始森林，又有无数的草甸子和河流，山高、林密、溪流湍急的交通环境中，他们创造性地运用交通工具，形成了鄂伦春族独特的交通工具、运输方式和交通习俗。驯鹿和马匹曾是他们不同时期的主要交通运输工具，另外，鄂伦春人在冬季还使用滑雪板、爬犁，夏季过河时使用桦皮船、鹿皮船，个别人还使用大轱辘车等。

桦皮船

白兰提供

兴安岭地区河流很多，鄂伦春人在狩猎、迁徙途中经常会被激流挡住去路。怎么办呢？鄂伦春人不会造桥，桦皮船成为鄂伦春人夏季水上的重要交通工具，《龙沙纪略》说鄂伦春人出行时“陆行载于马上，遇水用之以渡”。鄂伦春人用桦皮船代步、捕鱼、狩猎和驮载，还用于交易。对于这种古老又适用的水上交通和狩猎工具，清代《龙沙纪略》中记载：“鄂伦春地宜桦，冠、履、器皿、庐帐、舟渡，皆以桦皮为之。”

白兰提供

桦皮船船体修长，一般长四五米，宽一米，船首像鳄鱼的长嘴又尖又翘。船身宽窄适宜，船体很轻，一个人就可以扛走，但运载能力却很大，能坐两三人载四五百斤重的东西没问题。制作桦皮船一般应用整张桦树皮，先用长短不同的樟松木条搭起船的龙骨，然后把处理好的桦树皮用马鬃绳缝接起来，包裹在骨架上，再用木钉钉牢，这样船形基本就出来了。而船体接缝和有孔洞的地方均用松树油堵塞，再用铁烙铁溶化后密封，使之密不透水。船桨用樟松木制作，长约1丈，两头削成鸭嘴形，中间削成圆杆，非常利于划水。这样制作出的桦皮船船体非常轻便，6月，猎马鹿或犴 时，猎人要蹲碱场，坐在桦皮船上静等猎物到水泡子吃水草。在水里追逐猎物，桦皮船那是够快的。

直到现在，呼玛河边的鄂伦春人仍然使用这种船。

皮船，鄂伦春语叫“结于”。

鹿（或者犴）皮船是鄂伦春人在山里为渡河而制作的临时性的运输工具，与西部黄河上行驶的羊皮筏子差不多。把新打到的整个大犴或鹿皮毛朝外，绑在做成船形的松木杆上，晾干后不易变形时就可以下水行驶了。这种皮船载重量很大，能载三四百斤，或坐两三个人。这种船不怕碰撞，但在水里行驶的时间不易太长，最多半天，否则皮泡软后船就不成样了。

木筏

鄂伦春人使用木筏不多，作为临时渡河工具。木筏的做法很简单，将几根圆木摆在两对横木之间，把拇指粗的柳条用火烤软后捆绑，用木杆撑着就可以过河了。20世纪初期有些流域的鄂伦春人向达斡尔人学会了放木排，把原木编排在一起，像木筏一样由上游向下游漂流，这样做不是为了交通，而是为了出卖木材，木材卖掉后再顺着河走回来。鄂伦春人使用大轱辘车是近代的事，农业传入鄂伦春地区后，大轱辘车主要用于农业生产，有时也装载猎品到附近村屯交换所需的生活用品。鄂伦春人不会制作大轱辘车，一般用猎物与达斡尔人交换。

白兰提供

滑雪板

滑雪板，鄂伦春语叫“亭那”。

在大雪封山的季节，虽然是天寒地冻、滴水成冰，但鄂伦春人不能待在家里暖暖和和烤火的。冬季是鄂伦春族狩猎细毛类猎物的细毛期，而且一年四季用的毛皮基本都是冬季的皮张。冬季还是猎貂、猎熊的好季节，貂皮、熊胆、熊掌都是名贵之物，可以换回较多的生活所需物品。

在冬季这个狩猎的黄金季节，特别是雪大的时候，鄂伦

白兰提供

春猎人基本不用枪和马，而是身背扎枪、脚蹬滑雪板，速度之快可以活捉狍子之类的小动物。

滑雪板用质地坚硬、有弹性的松木制作，与现代滑雪板相似，宽半尺，厚2厘米，前端尖形向上翘。在滑雪板中部钉上皮套把脚伸进去，或者在滑雪板钻上4个眼，穿上皮绳，把鞋系在板上。清代曹廷杰在《西伯利东偏纪要》中亦描述说："雪甚则施踏板于足下，宽四寸，长四五尺，底铺鹿皮或堪达犴皮，令毛尖向后，以钉固之，持木篙撑行雪上不陷，上下尤速。"

滑雪板有两个功能，行走和踏雪。长度要视雪的情况而定，雪硬且深就用长四尺的短滑雪板，雪软且浅就用五尺左右的长滑雪板。如果在平地就用长的滑雪板，可以滑行，速度较快，为速度型滑雪板；走山路用短的滑雪板，方便灵活；如果要上坡，就要在滑雪板的后面钉上逆向的狍腿皮，狍腿皮是一边倒的顺毛，这样就不会倒滑。

滑雪板是鄂伦春人常用的交通工具，几乎每个青年猎手都有一副，踏着它追逐野兽、传递音讯、探亲访友，非常方便。

爬犁

爬犁，鄂伦春语叫"爬日"。

爬犁就是雪橇，一直是是北方地区常用的交通工具。爬犁使用的地域很广，北至西伯利亚，南到辽东半岛，现在，我国东北地区农村和北欧的爱斯基摩人仍在使用。爬犁可以用狗或者马拉，坐人、拉运货物均可，在比较平坦的地面上，它比滑雪板更省力、快捷。

鄂伦春人的爬犁底部是两根前面翘起弯曲的底板，安上四个木桩，在木桩上装两根横梁，上面铺上木板就可以了。鄂伦春爬犁的制作仅用斧子和猎刀即可，鄂伦春人当时没有锯。

“依如达仁”

为适应狩猎生活，鄂伦春人创造了一种称为“依如达仁”的交通工具，汉语意思是“拖着走”，算作简易爬犁，或者是爬犁的雏形，这是鄂伦春人专门为运送伤病员发明出来的。

砍两棵四五米长的枝杈较多的桦树，树冠并在一起，用皮绳连接起来。树干部分作为车辕，套上驯鹿或马匹拖拉，树条坏了可以随时更换。两棵树的树冠交织在一起，树枝虬曲缠绕，弹性很大，生病者或在狩猎中受伤的人不能骑驯鹿，不能坐颠簸的爬犁，但躺在这上面却非常舒适，能够安全地返回家里。使用整棵树来载人，这是一种因地制宜的发明创造，这种工具非常富于民族特色和地方特色，体现了鄂伦春人的聪明才智。

驯鹿

驯鹿，鄂伦春语叫“鄂伦”。

鄂伦春的名字中含有“使用驯鹿的人”的意思，这也是他们族名含义之一。鄂伦春人居住在黑龙江北岸时曾经大量饲养驯鹿，清代何秋涛《朔方备乘》载有：“今黑龙江所属东北部族，有鄂伦春者，亦使鹿，盖俄伦即鹿名也。”鄂伦春族使用驯鹿做交通工具主要是因为他们生活的地域山高林密，一年有长达六个月之久的冰雪期，通行非常不便。聪慧的鄂伦春人发现并使用了驯鹿。

驯鹿是寒带动物，清代图理琛所撰的《异域录》载：“俄伦春役驯鹿恰役牛马，驱似驴，足似牛，头似马，角似鹿，故称四不像。但土人则称鄂伦。”驯鹿背腰平直，蹄子阔大，适于驮载人、物在雪地和崎岖不平的山间林路中行走。由于长期役使驯鹿出入山林，“使用

白兰提供

驯鹿的人”就成为了鄂伦春民族的代名词了。驯鹿喜欢在原始森林中苔藓、石蕊丰富的地方生活，性情温驯，宽大而尖锐的蹄瓣适于在雪地行走、攀登山林，也可以负重乘骑。据说那时每家都饲养数十头驯鹿，每当鄂伦春人出去狩猎或迁徙的时候，把装有生活用品的桦皮箱、鹿皮口袋用皮绳系好往鹿背上一放，就可以走了。驯鹿组成的鹿队滚滚而去，它们的蹄声和树枝的碰刮声壮观悦耳，这真是森林中的奇观。

猎马

猎马，鄂伦春语叫“摩凌”。

鄂伦春人迁移到黑龙江南岸后，由于没有苔藓，失去了驯鹿生存的环境，鄂伦春人不得不放弃饲养驯鹿。后来马匹传入了鄂伦春地

白兰提供

区，逐渐取代驯鹿成为主要的交通工具。鄂伦春族的马匹矮小，善于爬山、穿越森林和沼泽地，是出远猎和追赶野兽的好骑乘，也为频繁的迁徙生活带来了方便。鄂伦春人喜欢马，在漫漫游猎生活中，马是他们行动乘驮的动力。鄂伦春人从小就会骑马，如果家里马多，孩子小时父母就送他一匹马，作为他的专用马匹，使用和出卖要经过孩子的同意。在一段时间里，鄂伦春人的贫富区分，是以马的多少来计算。当然，没有马的人跟有马的人借马，不用付给报酬，亲友还会主动将马赠送给没有马的人。在冬春枯草季节，为了给马抓膘要给马喂新鲜肉，矮小的鄂伦春马吃了肉以后，爬山穿林就会更有劲了。

如今，鄂伦春人使用的交通工具非常丰富和现代了，传统的交通工具成为了古老鄂伦春人交通习俗的一部分。在鄂伦春人的一些娱乐项目中，我们依然可以追寻到它们的影子。划桦皮船、滑雪等体育运动集中体现了鄂伦春族传统交通习俗的传承和深厚的文化内涵。

镶嵌在绿色中的彩虹之路

XIANGQIANZAI LVSEZHONGDE CAIHONGZHILU

萨满教是鄂伦春族文化的重要组成部分，萨满教“万物有灵”表达出的“敬畏自然而遵从自然”的思考，是鄂伦春狩猎文化的核心理念。

萨满和萨满教与鄂伦春人的社会生活紧密地联系在一起。据调查的口头资料表明，早期的萨满和氏族长是一身二任，他既是生产和生活的组织者，又是从事神事的智者。他的知识、技能都高于一般人。因此，萨满作为替广大氏族成员消灾祛病的解救者和熟悉本民族社会历史的智者，受到人们的崇拜。鄂伦春族广大氏族成员是须臾不能离开萨满的，这种状况一直延续到新中国成立以前。

中华人民共和国成立以后，党和人民政府在改善鄂伦春族生产和生活的同时，对其文教卫生事业也极为关心。及时组织青少年入学学习；组织中老年到大城市参观，开阔他们的眼界；组织医疗队到各游猎点进行巡回医疗，为猎民防病治病，宣传卫生知识。最初，鄂伦春族还不大相信医生对疾病的治疗，往往是在大病缠身时，既请萨满跳神，又请医生治疗，病愈后，还把功劳记在萨满身上。但是，久而久之，他们把萨满和医生作了比较，一些不

白兰提供

治之症却在医生的治疗下痊愈了，从而有病首先去请医生了。定居以后，定居点上建立了卫生所、小学、文化站，现在广播和电视在鄂伦春族地区已经普及。

这是1992年中央电视台纪录片《最后的山神》的场景：

在一片幽静的原始森林深处的开阔地，一棵粗壮的落叶松昂然屹立。萨满孟金福祈祷着走上前去，在这棵高高落叶松树前跪了下去，他用斧子在树阴面距地十几厘米处雕琢起来。只见他先削去一片树皮，再用木炭在树的白茬部分画上眼睛、鼻子、嘴巴、胡子……转眼间，一尊肃穆、慈祥的山神“白那恰”神像出现了。刻完神像后，拜祭开始。孟金福给山神“白那恰”的嘴部抹上所供动物的鲜血，率领众猎民一起在神像前叩头致礼。这时，用鄂伦春语演唱的祈祷神曲悠扬地响起，歌声低沉婉转，动人绵长，展示着萨满的魅力。大意是：

久居山林的山神“白那恰”
司掌着万山林中的百兽百禽

白兰提供

请您用双手撒给我们福分
请您用双手赐给我们运气
让我的家像万物一样和睦相处
让我的儿孙健壮如蹦跳的小鹿
待我狩猎归来将最好的猎物奉献

然后，孟金福与猎民们依次向山神叩拜。

仪式就结束了。不觉中，大萨满已从山神还原成了人。翻身上马，此时的孟金福又是一名骁勇的鄂伦春猎民。他与猎人们一起骑马飞快地驰向密林深处，开始了又一次的狩猎远行……

孟金福萨满已经在2000年10月3日故去了。

2003年，《最后的山神》成为中央电视台的纪录片“经典回访”作品，编导来到孟金福的家时，家里只有他的遗孀和一个残疾儿子，红砖房前的院子空空荡荡，显示出家道已是衰败与主人的寂寞。孟金福的老伴丁秀琴眼花背驼，当年的精神劲儿已荡然无存，只是身上穿着的那件自己缝制的对襟棉袄，还表达着她的心灵手巧和爱美的性情。家里除了生活必需的桌凳等物品外，再也没有什么，生活现状中已没有了萨满在世时的威严。

白兰提供

目前在世萨满只剩下关扣尼了，她也暮年已至。关扣尼很想为民族做点什么，尽管不太懂汉语，不认识汉字，她把自己知道的神曲、神舞和各种祝赞词，还有传说、典故、神话等等，一有时间，就向家人和文化馆干部以及来访者口述，她还和姐姐一起，教孙儿们鄂伦春语，教他们做兽皮和桦树皮的手工艺。多年来，关扣尼协助中央电视台及一些民俗、社会科学等研究部门先后拍摄过《山林夏猎》、《鄂伦春族萨满教——十八站乡萨满活动纪实》、《中国鄂伦春族》等多部电视片。关扣尼做萨满的时间并不长，但作为最后存活于世的萨满，关扣尼的名字颇为响亮。

内蒙古自治区的鄂伦春人已经没有萨满了。

鄂伦春族的萨满教

鄂伦春人认为，整个世界充满着神灵和鬼魂。称神或神偶为“博如坎”。

自然崇拜中，把“得勒钦”（太阳）、“别亚”（月亮）、“奥伦”（北斗星）、“毛鲁开依达力”（旋风神）、“阿鲁狄达力”（雷神）、“白那恰”（山神）和“楚卡博如坎”（草神）等都当作神来供奉。

17世纪以后，鄂伦春族同其他民族的接触增多，随着生产力的发展，氏族制度逐渐瓦解，宗教信仰也随着社会的变化而发生很大变化。首先，供奉的神灵数量大为增加，木刻的神偶、画在狍皮或纸上的神像多达几十种。汉族地区的娘娘神和胡仙神也被引进来。其次，随着私有制的出现和剥削的萌芽，还引进了保护私有财产的“吉亚其”(财神)；他们经常到城市里去进行交换，怕冲犯“库吞博如坎”(城市神)，每家又都供奉了城市神。自从清廷将鄂伦春人编入路、佐以后,有些人给清廷当差,他们怕冲犯“衙门博如坎”(衙门神),在外当差的人家也把这位神请去供上。

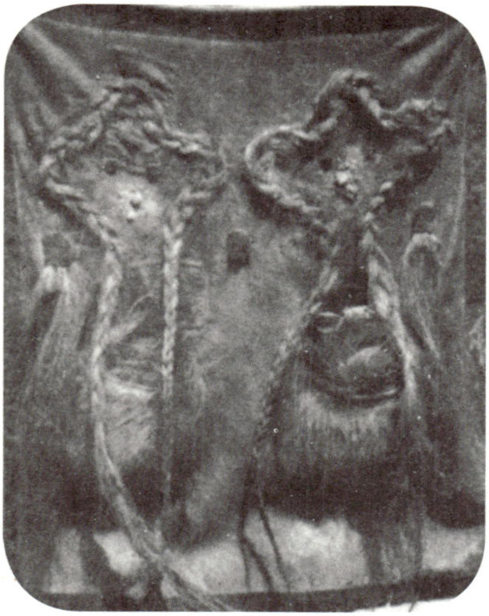

白兰提供

图腾崇拜中，认为“额底力坎”(熊，鄂伦春语的原意是“老爷子”)同他们有某种血缘关系，因此不敢直呼其名，还尊称它为“雅亚”(祖父)和“贴贴”(祖母)，打到熊后吃其肉、安葬其骨都有一套仪式。

鬼魂崇拜有禁忌和恐吓的意思，鄂伦春人的鬼是“博翁”和“西如库日”，“博翁”是吃人的鬼，“西如库日”是吓唬人的鬼。尤其是老人们在不让小孩做某个事时，就以“博翁”和“西如库日”吓唬他们，发生了一些诡异的事情时，也用“博翁”和“西如库日”说事，认为是冒犯了鬼魂而被惩罚的。

随着鬼魂崇拜的发展，又进入祖先崇拜阶段。他们崇拜的不是所有氏族和家族的祖先，而是对氏族作出重大贡献和在氏族中有重大影响的人物。

萨满和跳神

“萨满”，意为“明白了”和“知道了”，在满语中也有同样的意思。作为萨满的人，在鄂伦春人心目中是悟性好，智商高的人。萨满请神送神等祝赞词相当的篇幅是在讲述本氏族的来历，与其他姓氏的关系等内容，因此，我们可以认为萨满既能给人治病，也承担着讲述历史，传播经验的职责。

鄂伦春人的萨满分“穆昆萨满”和“德勒库萨满”。穆昆萨满是氏族萨满，一个氏族只有一个，人们认为他是“恩都利萨满”，神通广大，既能治病，又能驱赶鬼魂。而德勒库萨满，一个氏族可有几个，他的法术不如穆昆萨满大。出现萨满，有些征兆：如初生婴儿胎胞不破，要用刀划开取出；患重病久治不愈，突然患癫痫病，都是要成为萨满的征兆。

萨满的神事活动主要是跳神。跳神是在三种情况下进行：

第一，给人治病。届时萨满穿神衣、戴神帽、持神鼓，盘腿坐在“斜仁柱”内西北角“搭了兰”地方，病人坐在东南位置。萨满请神前，双眼半闭，静神屏气，开始击鼓，然后边击鼓，边跳跃，边吟唱，音调极其深沉。萨满唱一句，“扎列”(二神)及观看的人跟唱出尾音。慢慢的鼓声渐紧，萨满周身打颤，表情痛苦挣扎，这是神灵附体的表现。这时附体的祖先神借萨满之口，问有什么事请他来。“扎列”和病人亲属代答：某人有病，惊动祖灵。然后萨满再跳，恭请其他各位神灵。萨满说到某位神，病人如果不由自主地颤抖起来，则认为是此神在作祟病人，于是要给这位神上供或许愿。

白兰提供

第二，教新萨满。新萨满学跳神，夏季是在“斜仁柱”外宽敞的地方，冬季是在“斜仁柱”内进行。学跳神仪式要进行三天。第一天是在夜间进行。老萨满穿神衣、持神鼓，在前边跳，新萨满在后边学跳。当萨满把各位神灵请下来后，新萨满要把禽、兽的心血斟在酒盅里敬神，由老萨满代神喝下。然后新萨满边跳边叙述萨满的历史，老年人认为说得很对，证明神灵已在新萨满身上附体。第二天跳神在傍晚进行，把各位神灵请来后，新萨满向其敬酒，老萨满代饮，然后继续学跳神。第三天是在白天进行。这时，老萨满跳神中把各位神灵送走。并在1~2年内再举行一两次学跳神仪式，一个新萨满算学成了。

第三，举行祭神仪式。每隔1~2年在农历五月举行，叫“奥米纳仁”。届时所有的萨满都要集中到一个商议好的地点。祭祀开始这天，萨满把带来的神偶挂在树上，氏族成员带来的供物(衣物和野兽肉等)摆在神偶面前。前来参加祭神仪式的人们，围坐在场地四周。萨满穿好神衣，手持神鼓，边跳边唱。老萨满领头，众萨满跟随，诸萨满在跳神中都使出最大的本领。这种祭神仪式实际是一次萨满跳神大比赛，哪个萨满跳的花样多，请的神广泛，他就会更被人们崇拜，将来患病就愿意请他给予治疗。在萨满跳唱到高潮时，人们都会陷入深深的祈祷之中，默默地求神灵保佑全家平安、牲畜兴旺、狩猎丰收。跳神结束，人们把供奉的牺牲煮上，大家共食。晚间还进行歌舞等娱乐活动。这种仪式每次要举行2~3天。

鄂伦春族还有“巴克其”、“屋托钦”和“察尔巴来钦”。“巴克其”是类似萨满，也可以给人治病。产生“巴克其”的原因与萨满相似，但他没有法衣和法具，给人看病时，坐在“斜仁柱”内的“玛路”席上，待神附体后，精神恍惚，边摇头，边高唱祷词。向神祷告时，也要给神上些供品。“巴克其”没有萨满的威望高，人们患小病时才请他。“屋托钦”是得过天花或麻疹而痊愈的人。他专给人治天花和麻疹。其治法是向“额古都娘娘”或“尼其昆娘娘”祷告。“察

白兰提供

尔巴来钦”是专门主持祭神仪式的人，不一定每个“穆昆”都有，本“穆昆”没有的话可到别的“穆昆”去请。当“察尔巴来钦”的条件是年高德劭，能说会道的男女老人。

占卜

鄂伦春人也用占卜来预测凶吉祸福，占卜方法有三种：

第一，骨卜。用火灼狍子的“哈拉巴”(肩胛骨)，看骨上的裂纹来测凶吉。如家人外出，久久未归，卜问外出者何时归来。如骨上纹短，预示快回来了；裂纹长，认为马上回不来；裂纹中夹有横纹，预兆途中发生了事故。

第二，树枝卜。先选一“人”字形木杈，在其上绑一横木，变成“大”字形。再用柳条编一圆片绑在“大”字头上，这样就成一人形。然后把小孩衣服穿在木架上，看上去似大头娃娃，因为它的头像

白兰提供

编的笊篱，故称其为笊篱姑姑，因而这一卜法也称笊篱卜。占卜时，由两人做动作。每人手里拿一个笊篱姑姑，如果是为孩子患病问卜，口里就叨念着有关的神，求其保佑早日痊愈。两人手里拿的笊篱姑姑前后走动。如果病能很快痊愈，笊篱姑姑的身体就向前伏；否则就向后仰。这是妇女给孩子问卜的方法。

第三，枪卜。如在出猎途中有人患病,请不到萨满,就把枪筒前端绑一把斧子,置于枕头上,卜者探问病人触犯了哪位神灵,逐个念着众神的名字。问一位神，就试举一次枪，问不对的话，枪重得抬不起来；问对了，枪就会轻易地举起来。然后向这位神叩拜祈求，希望所患疾病早日痊愈。

鄂伦春人认为熊是他们的图腾，对它非常崇敬。打到熊后，要举行一整套仪式。先把它抬回来，在抬的途中，边走边装哭，说不是故意打死它，是误伤了它。抬到“乌力楞”时，抬的人要发出“嘎嘎”声，“乌力楞”的人们要学着“嘎嘎”叫声出来迎接。熊肉要由全“乌力楞”的人共食。在食肉时，要边吃边发出“嘎嘎”声，以示不

白兰提供

是鄂伦春人吃它的肉，是乌鸦在吃它的肉。吃完肉后，要把熊骨拣在一起，用草捆好，抬到猎取它的地方进行风葬。

在狩猎生产中有如下禁忌：不许说在这次狩猎中能猎取几只什么野兽，否则什么也猎取不到；在猎取貂或黄鼠狼一类小动物时，引火时不能烧长木柴，认为烧长木柴野兽会跑得很远；在猎取到鹿、犴等大兽，开膛时，舌头、食道、心脏等必须连在一起，直到煮熟后食用时才能割断，认为只有这样才能不断猎取到野兽，等等。

定居后，老年猎手在狩猎中还保留着一部分传统的生产礼仪和禁忌，青年人在生产中对传统的生产礼仪和禁忌了解已经越来越少。

生活禁忌

姑娘出嫁时，娘家不能陪送剪子、镜子、茶壶之类的东西，否则新娘的兄弟要遭到麻烦；出嫁的姑娘回家后不能刷锅，否则会把财运刷跑了；孕妇不能铺熊皮，也不能进产房，否则会流产；青年人不能叫长辈的名字，不让孩子骂人，否则要遭到麻烦；戴孝期间不剪头，不参加任何娱乐活动，不允许和别人吵嘴斗殴，过年时既不给别人拜年，也不接受别人的拜年。

“万物有灵”是鄂伦春人认识事物的主要思路，他们认为，人类和神灵之间是由彩虹连接的，而萨满才能使人类和神灵之间沟通。认为人和神之间最重要的是和谐，万物和谐是人类生存的唯一条件。

深情的祝福和深切的怀念

SHENQINGDE ZHUFUHE SHENQIEDE HUAINIAN

婚姻和婚礼

鄂伦春族实行一夫一妻的婚姻制度，严禁在同一氏族内部或辈分不同的男女间通婚。对于青年男女来说，他们认为有一位情投意合的人做自己的终身伴侣，这样的婚姻才是爱的温床。但对于父母长辈来说，婚姻是为了延续后代，人丁兴旺。鄂伦春族散居山野的游猎生活，使各部落之间联系很少。所以，鄂伦春人的婚姻多由父母做主代为选择。性急的人，在妻子怀孕的时候，就为孩子定下亲事，指腹为婚的事例很多。一般情况下，儿子长到16岁左右时，父母便托人去说

白兰提供

亲。

鄂伦春族有从表婚的习惯，认为从表婚是亲上加亲，能使家庭生活和睦美满。习惯上可以娶嫂子，即哥哥死了，弟弟可以和嫂子结婚，但弟弟死了，哥哥不能娶弟媳妇为妻。女子嫁到男子家不改姓，仍保留原来的姓氏。如果谁家只有女儿，没有儿子时，可以招赘养老女婿，嫁女时不要彩礼。养老女婿到女方家不改姓氏，所生子女也随父姓。养老女婿到女方家后，很受女方氏族成员的爱护和亲近，一旦遭到他人欺辱，女方的叔叔、伯父和婶娘们就会出来呵护。

鄂伦春族办婚事，要经过求婚、认亲、送彩礼和迎亲四个过程。求婚，鄂伦春语叫“昂玛那仁”。如果邻近氏族有合适的姑娘，男方父母亲就托媒人到女方家去求婚。只要小伙子是能打猎，身体健康、孝顺、人品好，婚事一般都能成。通常媒人与男方家有亲属关系，对女方家也比较熟悉，同时还要能说会道、为人正派、辈分不高等。有时，虽然姑娘事先已经看中男方，媒人也还是要带上酒、烟等礼品到姑娘家。女方的父母心里就是同意这门亲事，在媒人头一次来时，也要表示不同意，以姑娘尚小、不忙婚事或姑娘愚笨、不配聪明英俊的小伙子为推脱借口。媒人要接二连三地到女方家，请求姑娘的父母答应亲事，并夸赞姑娘贤惠、能干、美丽。最后，姑娘的父母喝了媒人带来的酒，就等于同意了这门亲事，见状媒人要马上磕头，求婚就算成功了。

白兰提供

求婚成功后，媒人要和女方父母及舅舅等长辈商定认亲、过彩礼的时间等具体事宜，并通报全氏族成员，作认亲和过彩礼的准备。在男方家准备彩礼的同时，女方也要准备陪嫁。彩礼有马、野猪肉、烟酒等。嫁妆也大体相同。

日子定好后，男方便前往女方家认亲，鄂伦春语叫“参突拉仁”。未婚夫由母亲或婶母、媒人和其他亲友陪同，携带一些好酒、好肉到女方家。举行认亲仪式时要摆酒席，宴请女方亲属。酒席间未婚女婿要给女方的所有长辈敬酒磕头，暂不给岳父母磕头。通过认亲仪式，就算正式订婚，不仅被社会所承认，也受到氏族习惯的保护。

认亲仪式结束后，男方便可以回家，如果路途较远，就在女方家休息几天再走。在一些鄂伦春部落中有婚前同房的习俗，即在认亲的当天男方住在女方家。这种习俗，除保留了母系社会女娶男嫁的遗风，主要与清朝时作为八旗兵，征战而生死难卜有关。当时，经双方父母同意，男方将被征出战，可以在女方家认亲时同房，目的是能留下一个后代。

认亲时男女双方都要穿上新衣服，皮衣用黑皮子镶绣云字边，男方穿的坎肩肩部要缝上红布，背面和肩头刺绣云字纹图形。姑娘要把头发梳成两条辫子缠绕在头上。这种衣着打扮让别人一看就知道她已经订了婚。

过彩礼前，男方要派人通知女方具体时间。女方父母接到通知后，邀请男方的父母在过彩礼那天来女方家做客，还要告诉自己家的主要亲属，过彩礼时来见亲家。彩礼“突日依”主要是马匹，送多少视家庭生活状况而定。通常要给两匹，多则四匹到六匹，家境贫者至少也要给一匹马。同时还要带些衣物、酒、肉等食物。彩礼送到女方家之后，要由女方的父母和亲属一一过目收下。彩礼中的马，要让女方家的小伙子们骑上遛一遛、赛一赛，看看马的腿脚如何。彩礼过后，女方家要摆酒席，宴请亲家。这时男方拜认岳父母，斟酒磕头。有时双方父母不参加，只招待宾客。待宾客散席后，女方父母另设酒宴专门招待亲家。酒席间双方商定孩子们的结婚日期及有关事宜。

婚事的最后一项是婚礼，鄂伦春语叫“乌也仁”。

鄂伦春人非常重视迎亲和婚礼。男女双方亲友都争相送礼品或帮忙，远处的亲戚也要前来参加。因而在办喜事的头几天里，男女双方家都异常热闹。尤其是男方家，十几天前就着手准备。迎亲那天所有的亲友聚集到男方家等候婚礼。婚礼正式举行前，新郎要到女方家去接新娘。在一两名长辈人的带领下，人们骑着自己最好的骏马，簇拥着新郎浩浩荡荡直奔女方家。同时，女方家也由众多的兄弟姐妹们组成一个送亲队伍，骑上快马到较远的地方迎接接亲的人们，两队相遇，人欢马叫，十分热闹。两队聚合后，一起前往女方家。由于年轻人较多，他们先进行赛马活动，这实际是两个氏族间的一次较量，因而双方全力以赴，尤其男方为了显示自己的强盛，预先作好决胜准备，不能让女方家人耻笑。而女方家为照顾男方家的面子也会谦让一些的，传说女方家取胜的话，以后对男方不利，所以往往都是男方取胜。

接亲、送亲的队伍热热闹闹，男女双方的长辈走在队伍的前面，相互间交谈着他们感兴趣的话题。跟在后面的青年男女则不停地嬉笑高歌，这也是男女双方的歌手们大显技艺的好机会。男女青年相互对歌，高亢嘹亮的歌声回荡在秀丽的高山峻岭之间。当接送亲的队

白兰提供

伍快到新郎家时，又会出现热闹场面，新郎带领本家亲友还要和女方送亲的亲友们再次赛马进入“乌力楞”。五六十匹、甚至百十匹马一起奔跑起来，其场面壮观。新娘及新娘的姐妹、长辈们不参加赛马，谈笑着缓步而进。

稍事休息后，开始举行婚礼。新郎、新娘身着新装，皮装上镶绣着各种云卷纹和几何纹花边。新郎要戴呢制礼帽或镶貂尾的猞猁皮帽子。新娘的衣帽都是自己精心缝制的，不仅色泽艳丽，而且做工精细，尤其是头饰更为精美，上面缀着各种玻璃串珠、贝壳、纽扣等，在阳光下闪闪发光，不时还能听到叮当声。结婚仪式开始之前，男方的父母及其他长辈和娘家来的长辈被请到上方座位，其他人在两侧就座或站着。仪式开始，新郎、新娘在亲友的陪同下走进场地，在司仪的主持下，先拜天地，面向北跪磕三个头，再给父母及其他主要长辈们一一磕头。长辈人接受此礼时，都要简短地祝福几句。老人们每说一句话，新郎、新娘都要发出“者——者——”的应答声。拜完后，司仪以幽默动听的语言，祝福新郎、新娘互敬互爱、生活美满幸福，孝敬老人，生儿育女等。仪式后，酒宴开始，凡是来参加婚礼的亲友们自由结合，围着篝火，席地而坐，边吃手把肉、边喝酒。这时新郎、新娘要向亲友们一一敬酒。敬给谁，就向谁行屈膝礼，长辈伸手接礼，同辈则要还礼。喝酒时每个人先用手指蘸酒，举过头顶左右弹三下，表示敬天敬地，同时还要对新郎、新娘说几句吉祥话，以示贺喜。同辈的大姑娘、小伙子们则乘机向新郎、新娘逗趣。夜幕降临，篝火更加通明，也是酒意正酣之时，婚礼主持人提议让新郎、新娘为大家表演节目，这时婚礼进入了高潮。嘹亮、优美、动听的歌声、欢笑声此起彼伏，人们围着篝火开始舞蹈。

入夜，要给新郎、新娘做“老考贴”，这是一种黏粥。两人吃必须合用一个碗，一双筷子，意为亲密和谐，永不分离。

新婚之后的十天左右，夫妻俩要骑马一起回娘家探亲，见到父母要双双磕头，还要一一拜访女方家所有的亲属，住上十天半个月再返回男家。

婚礼中歌声贯穿始终。亲戚朋友们用歌声向新郎、新娘祝贺：

我骑着卡拉日骏马来道喜
看见小伙子漂亮的皮袍
知道他娶了一位贤惠的妻子
看见姑娘美丽的眼睛闪着光
知道新郎是个能干的莫日根
红花绿叶相配的新人啊
不能忘了父母的养育之恩
也不能忘了生儿育女的责任
在兴安岭这块宝地
你们的生活一定会像白桦树那样
枝繁叶茂欣欣向荣

婚育和禁忌

关于婚姻的要求：

鄂伦春族实行氏族外婚制，严禁氏族内部通婚，辈分不同者不能通婚，婚礼举行时忌讳寡妇参加。如果男子提出离婚，无权索还给女方的彩礼；女子提出离婚，除偿还全部彩礼外，还要多给男家一匹马，作为认亲时磕头的抵偿。姐姐死后，妹妹可以嫁给姐夫；妹妹死后，姐姐不能嫁给妹夫。哥哥死后，弟弟可娶其嫂为妻，哥哥不能

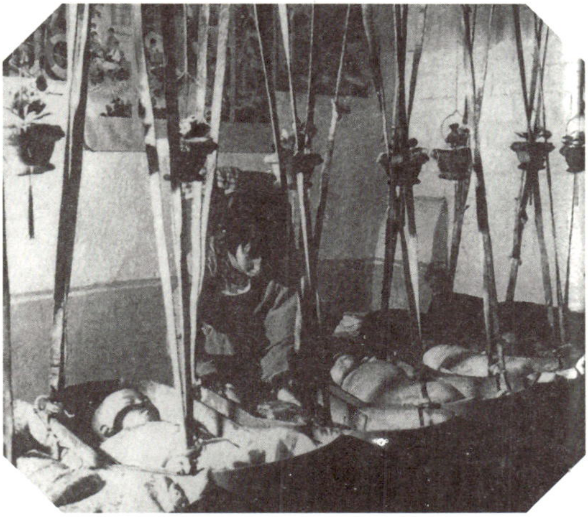

鄂伦春人早期育婴室　白兰提供

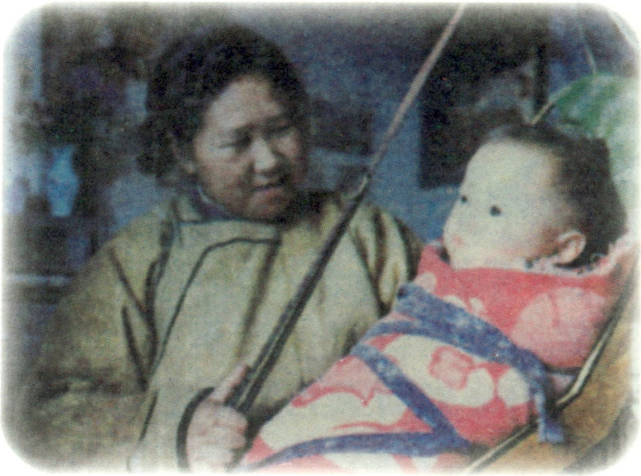
白兰提供

娶其弟媳为妻。丈夫死了，如有男孩，寡妇不能改嫁。

生育的礼仪和禁忌：

鄂伦春妇女一般是13～15岁之间来月经。在经期，为不玷污衣裤，用树皮里层的嫩纤维晒干鞣软衬垫，用后必须在远离“斜仁柱”的地方掩埋。新中国成立前前鄂春人结婚较早，一般男16岁左右、女15岁左右就结婚。结婚三四年后才能妊娠。生育年龄可延续到50岁，一般生四五个孩子。

鄂伦春人不避孕和堕胎。

妇女分娩前，在“斜仁柱”前方40~50米处搭盖一个简易的产房，叫“恩克那利纠哈汉”。产房的铺位席地，铺以兽皮。在铺边埋两根带叉的木杆，长约70公分，上搭一横杆。分娩时，产妇采取半屈的姿势，两手紧握横杆，胸部靠在杆上，身体完全靠横杆支撑，两腿劈开，两足蹬在铺上。有时，助产的妇女也用双手扶住产妇，帮助她分娩。如胎儿位置不正，助产的妇女便把胎儿头向正确方向转移。胎盘下不来，把用热水烫过的沙袋放在产妇的腹部。脐带约留3公分，用剪刀剪断，用兽筋线结扎。婴儿降生后用桦皮盆中冷水洗涤，用兽皮包裹。产妇休息2~10日，期间吃的食物由女性做好送来，丈夫不可以进产房。产妇满月后回“斜仁柱”前，要将穿过的衣服和婴儿用过的器皿，进行洗涤或用烟熏，然后才能搬进“斜仁柱”，主要是为不把污垢带入“斜仁柱”冲犯神灵。

鄂伦春婴儿是在摇篮中长大的。初生婴儿，冬天装入皮口袋，夏天用去毛皮板包裹，放在摇篮里。夏天在摇篮上面覆盖薄布，以防蚊虫叮咬；冬天覆盖皮子，以防寒气侵袭。迁徙时，母亲将装婴儿的摇篮背在背上，骑马前进。孩子哭泣时，母亲将摇篮转到前面喂奶。到宿营地后，将摇篮挂在树上，开始搭盖“斜仁柱”，搭好后，把摇篮移到“斜仁柱”内母亲居住的席位吊挂起来。一岁后学走路时出摇篮，但夜晚还是睡在摇篮里，这种情况要延续到两三岁。母亲对婴儿的哺乳期延续至五六岁，有时往往生了第二个孩子，第一个孩子还在吃奶。

白兰提供

婴儿主要是用母乳喂养，不足时，早期是用稀释的驯鹿奶喂养。6个月后喂以嚼碎的肉末，一岁多点就和成人吃同样的食物了。

新中国成立后，开始用新法接生、坐月子了。

鄂伦春族在生育方面，没有固定的礼仪活动。但是，鄂伦春人非常喜欢孩子，有妇女妊娠，家族和氏族的人们都非常喜悦。不论是生男孩还是生女孩，也不论是自己的孩子还是别人的孩子，都爱护备至，他们认为孩子是共同体的小成员。不管谁生了孩子，氏族的人们都非常高兴，奔走相告。

鄂伦春族在生育方面禁忌较多：分娩时必须在产房中分娩，怕在“斜仁柱”分娩冲犯神灵；认为生畸形儿和孪生是凶兆，有人把这种婴儿弄死；产妇在产房居住期间，不许吃新鲜肉，否则对打猎不利；在产房居住期间，丈夫不能进去。丈夫送饭时，要站到几米外的地方，用一根竿子，把饭桶挑在竿头送进产房。认为丈夫进产房会玷污身体，就打不到野兽。现在这些禁忌已经革除。

鄂伦春人认为，为孩子命名是非常重要的事情，各流域有不同的起名特点。通常孩子出生给起名字，起名字时多征求长辈的意见，有的名字是从民间传说中借用的，有的是表示出生时发生的某件事情，有的是表示家长或孩子的特征的，也有起滑稽名字的。还认为名字本身会给本人以某种影响，因此，在孩子遭到不幸（如重病缠身）时，要给孩子更改名字。

鄂伦春人起名字很有意思，还有爱称或乳名，一般男孩叫“牛牛”、“诺诺”或“阿塔木哈”，女孩叫“乌娜吉”或“乌娜吉汗”等等。孩子稍大后就有了正式的名字，多由父母或爷爷给起，也可以请德高望重的老人给起。起名以本人特点的，如“矿诺川”是黑子的意思，由于该人长的黑而起的；“西克腾”是精神而敏捷的意思，这个孩子本人就是走得急跑得快；“安巴”是老实、厚道的意思，她是一个安分的人；以本人的性格起名，如“依巴图”即吵吵嚷嚷、有些爱哭的意思；起吉祥的名字，如“骄劳布胡”是石头一样结实的意思，是希望孩子身体结实健康；以某些动物或其他物体而起名，如“托恩莫诺”是鹌鹑的意思，还有“书何”是斧子等。有的名字没有什么含义，如“天吉彦”、“得林”、“新吉布”、“娃英克”、“莫西彦”、“普连”等。鄂伦春人的名字没有什么具体意思的比较多，经常在问他们名字的含义时，他们自己也说不清楚，实际上就是随便起的，仅仅是叫起来顺口，方便或好听。有些人则没有再起其他名字，就一直这样称呼下来，有的甚至到老还叫这个名字，如牛牛。现在起汉族名字的多了，如白英，其实他叫牛牛，比如白茹，她叫安嘎，还有孟德寿、吴海山、李水花、莫东升等。内蒙古地区的鄂伦春族在刚定居时进入学校的学生，有的被老师起过蒙古族名字，如白音，他叫成西荣等，还有的叫苏和巴图、耐热尔图、白雅尔图等。

鄂伦春人用鄂伦春语起名字的特点是都不带姓氏，只有名没有姓。鄂伦春族的姓氏来自于古代各个氏族的名称，每人通常都能说出自己姓氏的全称。

生老病死是所有民族都必须面对的，鄂伦春人认为这是人生的规律，是人人都要经历的，他们淡化着人类的悲悲切切。

丧葬习俗和特点

鄂伦春人有灵魂和肉体分离而灵魂不灭的观念，认为人死后灵魂将继续生活在冥阴世界，死者的灵魂能作用于生者。

鄂伦春族传统葬式，主要有树葬（也称风葬）、土葬和火葬。早期主要是树葬；后来是先树葬，后土葬，即所谓二次葬；最后只进行土葬。火葬主要用于得急病死去的青年或孕妇。

鄂伦春人的葬具基本有五种：第一种，是最古老的葬具，即在葬地找四棵成正角长方形的树，借树杈搭以横木，铺上树枝，把死者放在上面，用桦树皮盖好。第二种，是用柳条编的棺材。在树林中找

白兰提供

到有对角的四棵树，把树头砍去，在树杈上横搭两根木杆，把棺材放在上面；另外也可把这种棺材吊在横木上。第三种，是用独木做的棺材，即用一根树干破成两半掏空而成。第四种，用木板制作的简易棺材，如是树葬，棺盖上有脊，以便雨雪从两侧滑落；如是土葬，棺盖是平顶。这是柳条棺和独木棺的改进和发展。第五种，是在地上挖坑，用木椽将坑底和四周镶起来，将尸体放在里面，上面再盖上木椽，然后埋好。

殡葬礼仪和禁忌

人死后，先给死者穿好衣服。岁数大的可能准备好了装老衣。没有的话，就穿平日穿的衣服就行。尸体要头朝北放在死者原来居住的“斜仁柱”中。当天要给死者上供，供品摆在死者脚下方，有酒、兽肉和“老考太”（黏粥）。如果死者是老人，全家要戴孝，穿白布孝服或扎白布腰带。亲友到来后，死者的晚辈要给客人磕头，长辈可以不还礼；同辈的话要跪下还礼；亲友与死者同辈者，给死者行鞠躬礼；如果来者是晚辈，要给死者磕头，死者家属要跪在地上陪着哭泣。前来吊唁的亲友，要带来酒、兽肉和衣物等作为供品。供后食用的部分大家要分享，衣物则分给亲友们。

安葬前，在棺材里放置一些随葬品。随葬品有碗、勺、锅等，如果死者是男性，要放一副弓箭，是女性要把她生前使用的针线盒殉葬。早期还有以马殉葬的习俗。

葬地一般选在距住地2~3里地外山坡，下面最好有树有水。鄂伦春人认为树有根，能生根发芽；水有源，会潺流不息；这样的话子孙后代永续不断。

出殡时，家属和亲友要护送灵柩，视棺木轻重，由4~8人抬往葬地，葬好后，要在死者的脚下方烧纸、上供、给死者磕头。三天后，死者家属要再来烧纸、磕头。如果没有纸，磕头就可以了。

鄂伦春族为死者作周年祭是葬礼中最为隆重的仪式。祭祀的当天，先在住地“斜仁柱”中死者原来坐卧的位置放一小桌，将亲友送来的祭品摆在桌上，亲友在桌前为死者磕头，死者家属陪着磕头。当晚，夜幕降临后，再一次祭祀，同辈人站着，晚辈人跪着。主祭人首先宣读礼单，礼品包括亲友来时打到的猎物和他们带来的酒、烟等，念到谁的名时，谁就答“加”（是）。同辈的向死者鞠躬，晚辈磕头。然后，死者家属中的男人开始给亲友敬酒，双腿跪下递给亲友。酒过一巡，上来手扒肉，大家边吃喝，边以崇敬的心情议论死者生前的美德。主人乘宾客酒醉之时，把礼品回赠给每个人，塞在衣袋里或系在纽扣上，把肉也分给每人一份，带回去享用。

周年祭过后，死者的家属可以脱孝了，他们认为，这时死者的灵魂离开家了。

以前，只要游猎到安葬过亲人的猎区，如果是清明，一定要找到安葬地扫墓。现在，鄂伦春人也学着其他民族在农历七月十五烧纸、在农历腊月三十烧纸了。过去没有这种祭奠方式。在一些民俗方面开始与当地其他民众一样了。

鄂伦春族的丧葬方式经过了树葬改为土葬、火葬，现在，传统的丧葬方式由遗体告别仪式代替了。

白兰提供

烈烈篝火旁生命的述说

LIELIE GOUHUOPANG SHENGMINGDE SHUSHUO

鄂伦春人的民间文学

鄂伦春族的民间口头文学，几乎代表着整个民族文学的全部内涵。民间文学作品有神话、传说、故事、童话、笑话、寓言、谚语等等，也有英雄史诗性质的“摩苏昆”。对于只有语言没有文字的民族来说，这些传说、故事是民族历史世代传承的载体，也只有通过这些神话、传说等，才能了解发掘和窥见鄂伦春族远古时代的历史面貌和

白兰提供

生产、生活历程。

民歌和民间舞蹈也伴随着鄂伦春人在莽莽林海中的生活，他们对歌舞有着极强的天赋，人人都会，就是性格特别内向的人也会用歌舞的方式表达自己的想法、感情和情绪。

民族起源的神话是每个民族口头文学的重要内容。关于人类起源、民族起源神话《恩都力创造了鄂伦春人》中讲述的是“恩都力”（神）用飞禽的骨肉和泥巴捏成十男十女，起初把他们和森林中的野兽混在一起，没有膝盖骨，全身是毛，奔跑如飞，这就是最早的鄂伦春人。后来“恩都力”用开水烫掉了他们身上的茸毛，让他们吃盐，后来长出膝盖骨奔跑速度变慢。“恩都力”教会他们用兽皮做衣服穿，用石头和棍棒猎取野兽，用火烧烤兽肉。从此，长着毛、奔跑如兽的人变成了现在的鄂伦春人。

还有两种传说认为鄂伦春人和熊有血缘联系，这也是学术界认为熊是鄂伦春族的图腾的根据。

传说一讲的是一个猎人被一只母熊抓去关了起来，几年后母熊生了一只幼熊。猎人趁母熊外出采集食物逃走了，母熊发现后领着幼熊循着猎人的脚印追到江边时，看见猎人坐在江中的木排上，母熊急得像人一样直立起来，苦苦哀求猎人回头，猎人没有答应母熊。见猎人不肯，母熊伤心得不知所措，一狠心将幼熊撕成两半，一半扔给了猎人，一半紧紧地抱在自己怀里。传说从此以后，跟着母熊的一半仍然是熊，跟着猎人的一半就变成了鄂伦春人。

另一则传说讲述的是一位鄂伦春妇女到深山里采集野菜，不幸迷路，时间长了她变成了一只熊。几年后，这个妇女的丈夫进山打猎，远远地看到一只熊正在埋头吃都柿，就用猎枪打死了它。当猎人剥皮时发现这只熊的右腕上戴着一只红手镯，这只手镯和他妻子的一模一样。在这个传说中，熊被认为是鄂伦春人的化身。生活中，对于熊，鄂伦春人不能直呼其名，而要像称呼长辈那样称其为“阿玛哈”（伯父）、“乌搭奇”（曾祖父）、“俄提日刊”（老爷子）；鄂伦春人猎到熊后有一套仪式化的做法，打到熊的猎人，不能说打到了，而是说“可怜我了”，打到熊的枪要说是一根火棍而已；熊肉有特殊的吃法叫“阿素市”，是把熊肉煮熟切成丁，用野葱、盐和熊油趁热拌着吃。“阿素市”做好后要请全“乌力楞”的人一起吃，吃前人们发出“嘎……嘎……”的声音，很像乌鸦的叫声，并有老人说“不是鄂伦春人在吃你的肉，是乌鸦在吃”。剔出的熊骨不能随便丢弃，要收集起来按骨骼的结构摆好并捆扎好后用安葬人的方式为熊举行隆重的风葬。

关于人类的来源，还有《九姓人的来历》等传说故事。

著名历史学家翦伯赞先生在《内蒙访古》一书中说：“这个草原（呼伦贝尔）一直是游牧民族的历史摇篮，出现在中国历史上的大多数游牧民族，鲜卑人、契丹人、女真人、蒙古人都是在这个摇篮里长大的，又都是在这里度过他们历史上的青春时代。呼伦贝尔草原不仅是古代游牧民族的历史摇篮，而且是他们的武器库、粮仓和练兵场。”几千年来，一个又一个马背民族从这里崛起，逐鹿中原，鄂伦春民族则例外。他们虽然也是骑马民族，但始终沿袭了狩猎的传统，在山林里游猎为生。正因为如此，鄂伦春族的神话、民间故事和传说等口头文学中的典型特征是优秀的猎人“莫日根”和狩猎生活。

17世纪中叶以前，鄂伦春人主要生活在贝加尔湖以东，黑龙江以北直至库页岛的广大地区。随着清兵入关，努尔哈赤的清军没有足够的力量确保北部边陲的安宁，沙俄不断派遣哥萨克兵入侵黑龙江流域。从顺治十年（1653年）开始，清朝政府将受侵略者骚扰抢掳的鄂温克、达斡尔、鄂伦春等族居民迁徙到大小兴安岭和嫩江之滨。鄂伦春族的一些故事和传说讲述了这段历史和对他们传统的猎场——精奇里江（今俄罗斯境内结雅河）沿岸的留恋。流传最广的故事《茨尔滨莫日根》讲述了在美丽富饶的精奇里江畔，鄂伦春猎人占达罕一家过着幸福美满的生活。一天，一群身背火枪，蓝眼睛、大鼻子，长着红毛的人，这些人以做生意和交朋友的“谙达”（名义）来到鄂伦春人的“斜仁柱”，纯朴好客的鄂伦春人拿出最好吃的肉热情地招待了他们，可是，“客人”们却开始掠夺猎物、杀伤猎人、强占猎场，还抢

白兰提供

走了女人。鄂伦春人怀着悲愤，离开故土精奇里江流域，渡过黑龙江，来到了茨尔滨河畔。随着时间的流逝，占达罕的儿子依丘干吉涝姆林（意为“小走马”）长成了一个帅气、勇敢出色的猎手，由于他的猎场在茨尔滨河流域，人们都叫他茨尔滨莫日根。茨尔滨莫日根和妻子吴妮花在“恩都力”神的帮助下，前往精奇里江为父母报了深仇大恨，狠狠地教训了利用他人诚实的红毛坏人，然后夫妻双双从军，参加了雅克萨战役。

鄂伦春族的传说关于英雄的有很多。如《毛考代汗的传说》、《喜勒特很》、《英雄欧新波》和《英雄毛意》等等。在这些故事中，英雄被描述成人神合一的神人，被人们经久传颂和顶礼膜拜。在《毛考代汗的传说》中讲述他到京城去觐见皇帝，守兵十分无礼，欺负他是个深山里来的猎人，被激怒的毛考代汗一箭射死了守卫的大将，一个箭步跃到万里长城的城墙上。毛考代汗的本领震惊了整个皇宫，皇上对他另眼相待，封赏了他顶戴花翎和很多金银珠宝。回去的路上，毛考代汗把顶戴花翎分给了蒙古人、达斡尔人和鄂温克人，把金银珠宝扶贫济困，因此，他成了受人尊敬的英雄。另外，部落酋长毛考代汗和根特木耳，他们的故事还反映了氏族部落间的矛盾冲突。他们之间的比武、抢妻、复仇，一方面反映了鄂伦春民族生活的史实，另一方面，毛考代汗和根特木耳生活的年代正是17世纪中叶沙俄侵犯兴安岭地区，造成鄂伦春族流离迁徙的动荡年代，因此故事里不同族群间的冲突很多。

在鄂伦春族民间传说和故事中，还有很多是反映生活环境、自然资源的传说，如《嘎仙洞和齐奇岭的传说》、《多布库尔河的传说》、《雪兔和黑熊的故事》、《猴头蘑的传说》，以及关于宗教信仰和萨满的传说，如《尼顺萨满》、《白那查的传说》、《火神的传说》、《奥伦神的传说》等等。也有反映清代战火连年，鄂伦春官兵对东征西讨经年不归生活的厌倦，以及官商欺诈猎民的故事，如《莫拉罕宝寻父》、《猎人和谙达》等。

白兰提供

童话故事在鄂伦春民间文学中占有一定地位，童话故事不仅富有幽默感和情趣，而且具有较深的哲理性，使少年儿童们从中受到教益。如，深受孩子们喜爱的《金刚圈的故事》，讲述的是白面烧制成的金刚圈面饼，联合蛋、针线、绳子等许多弱小者，共同对付欺小凌弱的恶魔莽盖，最后取得胜利的故事。从而告诉孩子们只要团结起来，任何貌似强大的敌人都是可以战胜的道理。在众多的童话故事中，以动物为题材的故事比较多，有《鹿妈妈和鹿姑娘》、《小鹿交朋友》、《狡猾的狐狸》、《黑熊醉酒》等。这些童话故事是鄂伦春人民在长期的狩猎生活中，在对各种动物及其习性的观察的基础上创作出来的。家长们代代口传，通过讲述这些人格化了的各种动物的有趣故事，不仅使孩子们懂得什么是好、什么是坏，什么是正义、什么是邪恶，而且还能使孩子们从小就对各种动物的习性有所了解，为他们日后成为优秀的猎手打下良好的基础。

鄂伦春人的笑话、谚语、谜语很多，有的令人捧腹不已，有的耐人寻味。

谚语。如“男人不怕山高，女人不怕活细”、“青草只是一夏之盛，苍松可是四季常青”、“钢刀不配彩纹鞘照样光亮，英雄不披金袍照样高尚”等，它们来源于狩猎生活，包含着鄂伦春人对人生哲理的总结。如“猎刀不磨不快，猎人不学不会”、“上进的少年不能迷恋于姑娘，有志的男儿不能陶醉于烈酒”，勉励人们要胸怀大志，不能无所事事。如“樟松笔直，朋友心实”、“人要做好事一生有荣誉，如果做坏事一生会不安”，教育人们做人要善良、要诚实的道理。还有鄂伦春人在长期的山林生活中观察出来的知识性谚语，如“月亮带上套环，出猎不应迟缓”、“橡子落满山，野猪定上膘”等。

谜语。谜语是鄂伦春人，尤其是青少年们特别喜欢的一种口头文学形式，其题材来自于他们身边的各种事物，与狩猎生活有着密切的联系，因而极富民族特点，听起来形象、幽默，又符合实际。例如“虽有虎长身，但有雷公声”——火枪；“小马行千里，不留其踪迹”——桦皮船；“两个秃脑袋追十个人，却永远追不上”——后脚跟和脚趾头；“爷爷的拐杖拿不得，奶奶的包袱摸不得”——蛇和刺猬；“一丛大树长得怪，根朝上来枝朝下”——马尾巴；“地上扣着四个碗”——马的蹄子等等。提供猜谜活动，使青少年们增加推理、判断和提高他们对事物的认识能力、观察能力，这不仅是一项娱乐活动，还是一个很好的教育形式。

民歌或者说歌谣是鄂伦春族口头文学中的重要组成部分。鄂伦春人是一个善于歌唱的民族，特别喜欢边歌边舞，无论是节庆的日子里，还是平日的生活当中，男女老幼齐上阵，不学自会。甚至是悲哀的时候也要唱歌，以歌来表达自己的心情。

当代的艺术作品

当代方式的鄂伦春族题材文学创作，最初是一些其他民族的文学爱好者进行创作的，后来本民族的文学工作者也逐渐成长起来。他们从小土生土长在这块土地上，对游猎生活十分熟悉，因此，他们创作的作品民族特点浓郁，既写过去的狩猎生活，也写现在的生活，带有山林气息的作品应运而生。

鄂伦春族作家敖长福、空特乐、阿黛秀、孟代红等都是近些年

白兰提供

培养起来的，他们的作品表现了鄂伦春人的生活风貌，反映了鄂伦春人的理想和愿望。

敖长福是鄂伦春族第一代作家。20世纪60年代他在齐齐哈尔接受师范教育，凭着他的心愿本应早点成为作家，但是，历史和他开了一个玩笑，让他当了一回“右派”，在猎乡当了一名猎手，90年代他才圆了作家梦。他的作品有《孤独的“仙人柱”》和《猎刀》、《阿美杰》等，在这些文学作品中，他不但突出刻画了猎人的性格，而且还深入地描写了民族风情和习俗，宗教信仰、节庆仪式和饮食服饰。对打猎场面、婚礼习俗和在篝火旁的翩翩起舞的描写，体现出浓郁的民族风格。作品中描述的鄂伦春人的品格，表现了作家把目光投向鄂伦春人性格和心灵的力量。《孤独的“仙人柱”》刻画了老猎人匡诺在特殊生活环境中造就了他爽朗耿直的性格，鄂伦春猎人对山林和动物的爱，爱得真诚、爱得完全。《猎刀》是一篇有强烈批判意识的作品，核心是酒，实质则是人的尊严。它是鄂伦春民族勇敢地进行自我文化审视的一篇标志性作品，这无疑是作家成熟的显现。《遥远的白桦林》，以第一人称，描写了“我”的一家在新中国成立前所遭受的不幸。笔调深沉，感情炽烈，是一曲民族的悲歌。而《猎人之路》、《那都里河的日夜》和《在密林里》展示的却是鄂伦春人新生活的画卷。《猎人之路》是以老猎人沙布和养子松塔之间的矛盾展开的，前者主张保持游猎生活，后者则主张鄂伦春族要进步，要过上一种全新的生活。《那都里河的日夜》和《在密林里》则是描写鄂伦春人在长期的生活、斗争中，和兄弟民族结下深厚友谊的故事。《猎人之路》、《遥远的白桦林》和《孤独的仙人柱》等先后获内蒙古自治区少数民族文学作品奖“索龙嘎”奖。

鄂伦春族女作家阿黛秀创作的小说《星》获内蒙古自治区首届“索龙嘎”奖、呼伦贝尔盟首届文学艺术“骏马奖”、《鄂伦春》优秀作品奖。《星》是一篇很美的散文化小说，描绘了鄂伦春人富于理想性的现实生活，真实亲切，感人至深，曾被多家刊物转载，并收入了少数民族女青年小说选《异卉奇花》。阿黛秀1981年开始从事文学创作，主要写小说，其作品还有《失踪》、《林间小路》、《望着我那双深情的眼睛》、《第一场雪》、《将力汗阿玛哈》等作品分别发表在《民族文学》、《草原》、《呼伦贝尔》、《鄂伦春》等刊物。

空特乐，汉名爱民，出生在兴安岭莫格吉山脚下，在内蒙古自治区师范大学文学研究班学习两年，后在鲁迅文学院少数民族高研班学习。先后在全国刊物发表诗歌、散文100多篇。曾获黄河诗歌二等奖、呼伦贝尔文学艺术创作政府奖（骏马奖）等。出版的作品有《鄂伦春风情剪画》、《鄂伦春女人》、《父亲的味道》、《自然之约》、《爷爷的神灵界》、长篇小说《猎人与麦子》等。她的写作思维多以鄂伦春人的习惯来审视现代，正是这种眼光带来的审美把鄂伦春人独具个性色彩的鲜明生活，立在了了解或不了解鄂伦春族的读者面前，使鄂伦春人的自然美、心灵美，以及他们的生命哲学，焕发出了新的活力。

在《爷爷的神灵界》她这样写道：“托扎敏猎民村巴掌大的地方，建在山的一条褶皱里，被山的左右臂紧紧揽在怀里，山坡的对面

白英　摄

希日特河日夜流淌着，像是童声纯净地唱着歌，响亮得没有一丝尘世的杂音。托扎敏猎民村的房子，跟所有村庄的房屋建筑没什么两样，不同的是猎人的房屋前挂着各种各样的皮绳还有狍皮，这种皮货不是卖的，而是猎人的日常用品，它与这春天嫩绿的林子相互映衬，呈现出生命自然有序、无间而行的生存状态，十分悦目。

“走进猎民村，女人晒着柳蒿和林子里的各种野菜，那柳蒿特有的清香把你的心一下子牵引进无处不在的朴素与简单的生存氛围里，怡然的生活氛围中，使你的目光走进猎民村时，没有坠下人间的感觉。这是我的萨满爷爷在世时的托扎敏猎民村，那时候的鄂伦春人，在他们的生活中，那个无处不在的神灵世界，哪怕是一棵小草上桦皮桶上，都赋予了神灵。”

在《猎人与麦子》中，空特乐这样写道：“古兰奇是一个地地道道的猎民，他从来都没有种过地，但从他的神态中看出来他和弟弟很有成就感，第一年种了黄豆，赔了，一点收获都没有。古兰奇和弟弟很失望，尤其是古兰奇，有生以来从来都没有感到过寂寞，也没有感到过沮丧或郁闷，这时他真的寂寞了，放下猎枪之后，心态上的失落时常来压迫他。猎民祖辈都没种过地啊，他们自古以来没有动土的习惯，没有对土地挖掘的习俗。在鄂伦春人的观念里，大地是供人们步行的，或者说是骑上猎马走的。他们从来没听说过，这个大地还能种叫面粉的粮食。”

《猎人与麦子》中，索特和一直没去看儿子的麦地，他在家制作鹿哨，那弯弯曲曲的鹿哨像他一生走过的路，他十分看重这鹿哨。他的鹿哨与别人的不同。开春了，又一个顺着河流漂游的季节，他便认认真真地在腰带上插一把刀，到河边去，瞄准一棵胳膊般粗细的叫“开拉顺”的树，把它砍下来，将树杆上的刺儿和皮一一地剔下……这时候的木杆很坚韧，他回家后烧一堆柴火，在火苗上细心地烤，直到把它烤得白一处黑一处，能够弯曲了，这样索特和的鹿哨就做成了。做成后他就握了鹿哨走到外面，朝空中一吸，那悠远的仿佛是远古的声音便传达出近乎神秘的信息，原汁原味的鹿哨声，会让人悟到另外一个生命存在……声音就这样弥漫在天空中。

这是作家的回忆和思考，对几近闭塞和荒远的山村，有着作家抛却世俗的赞美；对辛苦追赶时代的猎人，作家给予了能够把握生命的肯定和礼赞。

诗歌的创作也是现代的事。鄂伦春族诗歌作者赛革、白彬、爱民等近些年创作了上百首诗歌。诗歌的内容主要是歌颂家乡自然风光的优美，歌颂传统的游猎生活，更多的是歌颂新生活。其中赛革的《等待出猎的哥哥》和《狩猎四季歌》曾获内蒙古自治区创作奖。

近年来，新人白剑勤学苦练，在诗歌和散文创作上崭露头角，发表有《寻找祖先》、《月树影》、《秋天》、《雪灼》、《你》、《眼睛》等20余首诗，还有《鱼》等10余篇散文。

白兰提供

1992年，白兰、张林刚与中央电视台编导孙曾田合作《最后的山神》，该片获当年亚洲太平洋地区广播联盟评选的金奖。纪录片真实地记录了萨满孟金福即向往现代，又眷恋传统的生活，这也是鄂伦春人真实的状态。2005年，郁晓英导演，白英为民俗顾问、白兰撰写画外音的电影《最后的桦皮船》拍摄完成。影片通过一个城里小女孩放假回乡时，爷爷的桦皮船将要被博物馆叔叔买去的故事，讲述了狩猎文化的无奈走向。画外音使用了鄂伦春语，这在中国电影中尚属首次。2006年，首部鄂伦春语电影《最后的猎鹿者》译制完成。2010年，鄂伦春自治旗与北京电影学院合作，拍摄了鄂伦春族民俗和游猎生活的大型文献纪录片《鄂伦春人》。2010年8月27日，影片《哦，我的鄂伦春》在鄂伦春旗举行开机仪式。该片从独特的视角，反映了新时代鄂伦春族回乡大学生“热爱家乡、自强不息、淳朴善良、勤劳创业”的时代精神，展示了鄂伦春民族青年一代的责任、追求意识和新观念、新风貌，展示了全旗各族人民建设家乡的美好愿景。该影片的成功上映，不仅是自治旗庆60周年献礼节目，也将成为鄂伦春文化产业发展的重要里程碑。2010年，拍摄了由顾桃编导的《告别的年代》、《过去的年代》、《北方北》等珍贵的影像数据和专题片。2010年，鄂伦春自治旗邀请北京电影制片厂拍摄《鄂伦春人》，策划和民俗顾问为敖长福，在内蒙古鄂伦春民族研究会和内蒙古、黑龙江鄂伦春各部落大力配合下顺利完成。

曲文是第一代鄂伦春族电视人，从上世纪90年代起，开始拍摄古里、托扎敏猎民的生活片，积累了大量资料，2001年，曾以系列专题片的方式在鄂伦春电视台播放。

山林中如雾般的歌舞

SHANLINZHONG RUWUBANDE GEWU

鄂伦春族是善于歌舞的民族。在日常生活中，特别是在节日、婚礼中，无论男女老少，都喜欢唱歌，随时都可以听到他们那别有风味、拉着长调的歌声和节奏感很强的舞蹈。如有贵客临门，酒酣耳热之余，他们会歌舞不休，直至通宵达旦。

民歌

鄂伦春族民歌叫“赞达仁”，2008年6月，列入第二批国家级非物质文化遗产名录。

“赞仁达”有相对固定的曲调，但无固定歌词，一般也无需乐器伴奏，节奏自由，旋律高昂，刚健而悠扬，曲调虽然比较固定，但不同地区还有许多变化。曲调当中，绝大多数音阶以5声为主，也有6声或7声的；羽调式居多，宫调式、征调式为次，商调式较少。鄂伦春族民歌题材广泛，有情歌、颂歌、猎歌、酒歌、喜歌、苦歌、婚歌、丧歌、儿歌及萨满歌等等。表现了歌唱兴安岭优美的自然环境，怀念家乡和亲人，赞美狩猎、采集和捕鱼劳动，憧憬幸福生活及与猛兽、恶势力作斗争的内容。用鄂伦春语演唱，每个词句既能相互对应，又都能严格押韵。

不过民歌的曲调相对比较固定，歌词是即兴之作。在演唱时，他们根据情景、事件即兴编词，形式有独唱、合唱和对唱等，不管是否有词，都反复喊出或唱出“鄂乎兰，德乎兰”、“介微，介乎微”、“那伊耶那哟”等虚词，表达自己发自肺腑的真挚感情，使情

白兰提供

绪得以抒发，音律显得雄壮有力。“赞仁达”中，情歌占有重要地位，且以语言朴素、感情真实、比喻生动而著称。

有一首《在广阔的兴安岭上》是赞美兴安岭自然风光的，其中有这样一段：

鄂乎兰，德乎兰
喂！我们高兴地唱起来吧
看啊！蓝天上美丽的白鸽在飞翔
地上的花鹿在跳跃
成群的山猴也在愉快地蹦跳
看啊！高山下的草甸子上，连萨满也跳起来了

还有一首《以劳动的美为美》，饱含着深刻的哲理，歌词是：

耳环在你耳朵上挺好
你为啥要摘掉
项链在你脖颈上挺美
你为啥要遗弃
啊！我们顺着小河走
啊！我们顺着大河游

劳动挣来的享受比项链耳环千好万好
自己意志决定的美才是真正的美

以前有许多艺术家和研究者做过记录整理，现在，有本民族的有识之士也开始了记录整理工作，并在北京中国音乐学院开过演唱会，参加过文化部非物质文化遗产项目的展演活动。尽管目前收集到的许多民歌经汉语翻译过后多少会失去原来的韵味，但我们仍然能够从中品出原有的一些滋味。《鹿妈妈和鹿姑娘》（也有收集者起名为《母鹿之歌》）中，当鹿妈妈被猎人打伤后有这样一段对唱：

鹿姑娘：

妈妈呀！妈妈，
是什么，是什么挂在你的肩上？
快告诉我，那是什么？那是什么？

鹿妈妈：

孩子呀！孩子，
没什么，没什么，
那是树叶飘落在我肩上。
鹿姑娘：
妈妈呀！妈妈，

白兰提供

我看清了，那不是树叶挂在肩上，
快告诉我，那是什么？那是什么？

鹿妈妈：

孩子呀！孩子，
告诉你吧，告诉你，
那是猎人把我打伤，
血在流淌。
孩子呀！孩子，
今后在鹿群里生活，
不要离开大伙儿，
走在最前头的话，
要小心在前面猎人的弓箭，
落在后面，
也要当心背后射来的弓箭。
过河要先看看河的两岸，
走草地要向四周勤瞭望，
喝水不要只顾低头，
吃草也要抬头看。
……

再举一首曲调欢快的歌《加呼微》，《加呼微》有这样一段词：

跳起来，唱起来，
加呼加呼微！
又唱又跳多愉快，
加呼加呼微，
跳一个欢乐舞
加呼加呼微，
唱一个幸福歌，
加呼加呼微，

有吃有穿的生活啊!
加呼加呼微。
……

歌会很长，是因为可以不停地即兴填词。

那么，萨满的神歌是什么样的呢？记录中能保住多少原汁原味呢？

上有天神雅格耶
下有山神雅格耶
天神在上雅格耶
山神在位雅格耶
天神是灵雅格耶
福气降临雅格耶
山神保佑雅格耶
猎民平安雅格耶
……

在记录者手中，凭添了许多东北跳大神的味道，鄂伦春语的韵味大概就此固定于东北味中了。是的，鄂伦春族没有文字，用他者的方式记载，难免带上他人的痕迹。

器乐

鄂伦春族唯一的乐器是“朋扭贺”(口弦琴)，也叫“天恩共”(意为铁的声音)。起源于何时，至今不见有记载。我国鄂温克、达斡尔族以及爱斯基摩人、印第安人、拉普人，日本北海道爱依努人也均有此类乐器，狩猎民族普遍使用口弦琴，是历史较为久远的“乐器”。

“朋扭贺”多为铁制(也有铜制)长约12~15厘米，椭圆形铁圈中间加一薄钢片，手持部分为圆环形，钢片一端缠一点棉花或镶柳木柄，以便于用手来弹拨。演奏方法是用左手持琴，把琴横放于唇内前

白兰提供

上下牙齿的中间，右手弹拨，震动后发出鸣声，但音量微弱，音域狭窄，上下音距不到5度，声音靠口腔、唇的开合，呼吸强弱来配合调节音量和音色。男人多用食指的第一、二关节中间弹打，力度大，甚至身体也随节拍摆动，表现出一派男子汉的风度，音色也较为浑厚洪亮。女人则用指尖轻轻弹拨，声音也较为柔弱，委婉。

鄂伦春族口弦琴作为自娱工具，多在闲暇时或狩猎的间隙弹打取乐。单调的生活使鄂伦春人对口弦琴的演奏，赋予了丰富的想象力和创造力，他们常常用来表达演奏者的心态。如：青年女子或失去丈夫的妇女，常在弹拨口弦琴中表现自己孤独的心情，口弦琴音色委婉哀怨，如泣如诉，让人听了十分动情。男猎手打到猎物后弹拨的口弦琴，音色较为活泼有力，表现出他们的喜悦心情。有时他们还用口弦琴模仿鸟或其它动物的叫声，还风趣地配合一些手势、动作和表情。此时也是最能体现鄂伦春人特有的幽默、诙谐天性的时候，谁看了、听了都会情不自禁地被感染而捧腹大笑。此外，鄂伦春人常用口弦琴来表达男女青年之间的感情信息，男青年猎手常用弹口弦琴对有好感的姑娘表示爱意，如果有某男青年猎手把口弦琴捎给哪位姑娘，则意味着求爱和约会。

现在，口弦琴已是鄂伦春文物了，青年人很少会弹，每当有人要求会演奏的老人弹口弦琴的时候，他们都会兴致勃勃地给表演一番。

2008年，“鄂伦春族口弦琴”被批准为第二批黑龙江省级非物质文化遗产保护项目。

舞蹈

鄂伦春族是善于舞蹈的民族，通常歌、舞紧密结合，舞姿古朴。鄂伦春人的舞蹈大体可分为娱乐性、仪式性和宗教性三大类，舞蹈内容上有：模仿飞禽走兽动作的舞蹈；表现劳动的舞蹈；娱乐性的舞蹈；仪式性和宗教性的舞蹈。无论哪一类，其动作速度都是由慢至快，并以激烈动作结束表演。

白兰提供

现在把鄂伦春族的舞蹈称为“吕日格仁”，其实“吕日格仁”本身也是一种舞蹈，表演时不用乐器伴奏，“哲黑哲”“加黑哲”“达乎达利”之类衬词作为伴舞的节奏呼号。

鄂伦春舞蹈中占主要地位的是模仿动物动作或吼叫的舞蹈。

斗熊舞

斗熊舞，也叫黑熊搏斗舞，是鄂伦春族娱乐的一种形式，是鄂伦春人老幼皆爱跳并最具代表性的一个舞蹈。最重要的价值是它以一种舞蹈的形式记录了人类从狩猎和采集的原始生态发展、演绎的进程。正是这种世代以模仿动物形态舞蹈相传的鄂伦春斗熊舞，弥补了鄂伦春族没有文字记载的历史。

由于鄂伦春族没有本民族语言，也无记谱法，随着老一代鄂伦春族人的谢世，许多舞蹈包括民歌相继失传。为保护和传承这一珍贵的民俗行为艺术，2009年6月，鄂伦春族斗熊舞项目被列入黑龙江省级非物质文化遗产名录。

当鄂伦春人狩猎满载而归后，在篝火堆旁，吃肉、喝酒、娱乐，就会跳起斗熊舞借以抒发内心的喜悦之情。这是与生俱来的天赋："娱则歌之，舞则蹈之。"跳舞和唱歌也是鄂伦春人游猎生活中

白兰提供

人与人之间语言沟通和情感交流的媒介。斗熊舞多与歌谣相连，常常是载歌载舞，都是反映狩猎生活的。基本步伐有拖步、搏斗士步伐等。黑熊搏斗舞一般为二人对舞，模拟黑熊形象。舞蹈者一般不用伴奏，边歌边舞。舞曲经常以“额呼兰德”、“额乎德乎”、“介边介回”等词为衬词，同时还以“哲黑哲”、“加黑加”、“达乎达乎”之类的衬词作为伴奏的节奏呼号。鄂伦春舞蹈中占主要地位的是模仿动物动作及其吼叫。情绪随着节奏的呼应变得欢快起来，由于歌词的随意性，即兴性很强，歌词虽然很少，但非常合辙押韵，朗朗上口，深受鄂伦春族群众喜爱。它为我们提供和印证了弥足珍贵的鄂伦春人原始狩猎时代的基本生产生活形态特征，为研究民族学、民俗学、人类历史学、民族宗教学、人文艺术等提供了不可多得的民俗行为艺术的宝贵资料，并拓展到许多领域。

斗熊舞可由三人表演，不分性别，也不论年龄和社会地位都可以跳。舞蹈开始时三人站成品字形，其中，左右二人面对面站立，上身略向前倾斜，两膝略向前屈，两手放在膝盖上，两足跳跃不息，同时两肩和头部左右摇摆，嘴里发出“吼吼吼”的粗重声音。第三个人在旁也以同样的动作参加进去，并劝解两个正在用下巴做出袭击对方肩部的舞者。情绪高昂，动作勇健有力。

斗熊舞是鄂伦春人生活中不可缺少的聚会方式，每年过节都要载歌载舞。形成的原因一是模拟黑熊在搏斗时的一种动作，较粗犷简单。二是由于鄂伦春人早期对熊的崇拜，认为熊和他们有着血缘关系。每当人们跳起斗熊舞时，是有多种复杂思想感情的，也正因为如此，该舞盛行至今。斗熊舞产生较早，流传很广泛，逊克县新鄂村，呼玛县十八站和鄂伦春族自治旗境内的鄂伦春人都会跳这种舞蹈。

群球嫩

树鸡舞，鄂伦春语称“群球嫩”。是儿童游戏舞蹈，模拟树鸡蹦跳和飞翔的动作，由两人参加。游戏前，先定好目标距离，站成横排，然后比赛，看谁先到达终点。起舞时双膝深蹲，双手扶在膝盖上，先是原地上下小动，闭嘴发出“嗯嗯”之声，头和肩左右摆动，犹如树上乌鸡来回甩头模样。继之，双脚曲线向前蹲跳，间或也出现用两臂展开上下摆动表示飞翔，并快速旋转的动作。在做蹲跳的舞步时，边舞边唱、边呼边跳。

跳树鸡舞时要一边唱一边跳，歌词大意是：谁要是半路逃跑，谁就是兔子；谁要跳的当中笑，谁的牙齿就像稠李子。

后来，大人也开始跳树鸡舞，由二人或四人跳，手叉腰间，半蹲着，来回迅速跳动，学树鸡嬉戏，灵动而柔软。

依哈嫩

“依哈嫩”是庆祝狩猎丰收时跳的一种舞蹈。有双人舞，也有集体舞，后者参加人数不限，偶数为宜。这是以反映狩猎生产为内容的舞蹈。双人舞主要动作有：拉马、抽鞭、瞭望、下马、下枪(从背上取下)；打猎、猎获(搭在马上)、回转等动作。集体舞是众人拉手围着篝火边歌边舞，这种形式也常在节日或红白喜事时进行，由于众人围着篝火而跳，故亦有“篝火舞”之称。舞蹈动作只有一种，即右脚先向右踏地，左脚再与右脚靠拢，逆时针方向而行，双手从后向前做小的摆动，节奏感强烈。

红普嫩

“采红果舞”鄂伦春语称“红普嫩”，妇女们最喜欢跳。它反映了鄂伦春妇女的采集生活，该舞是由两个妇女表演，二人面对面自转圈(有时也走直线，一个往前走，一个往后退)，转一圈后，鼓一次掌；也有伸手拨树枝的动作，然后做出采红果的姿势，边采边往桦皮篓里装，越采越欢快。“红普嫩”舞姿轻盈优美，活泼健康，构图和动作讲究对称、平衡整齐而又简洁。如采红果的动作，很讲究手与眼的配合，动作轻巧、明快，既优美，又有生活气息。

吕日格仁

“吕日格仁”为娱乐性的舞蹈，是大闹一场的意思。舞姿是几个人或十几个人手拉手围一圆圈，由一人领唱，众人合唱。随着歌声的节奏，各自从右向左转动，双手上下摆动，身段动作轻松优美，由慢到快，越跳越热烈。

白兰提供

依和纳仁

“依和纳仁”是一种祭祀舞蹈，在丧葬、周年祭祀、传授族谱等仪式中表演。这种舞蹈随着风俗习惯的改变，现已失传，但有的老人还记得，据他们介绍，过去鄂伦春族每三年举行一次传授族谱和排辈分的氏族仪式，在这种仪式上人们跳“依和纳仁”舞蹈。跳此舞时要穿上节日盛装，并带上“德勒格垫”(用桦树皮制成的假面具)，由十个人手拉手围在外面，一个人站在圈中央。如果外围十个人都是少年，就一定选一位年近七十岁的对祖先对族谱、家谱、对民族历史都熟悉的老人站在中间。如果外围的十个人都是青壮年，那么中央站立着的那一个人，是同辈人或年龄稍大些的人都可以，但最好是年高德重的老人。舞蹈一开始，外围和中央的人，蹲着做小蹦跳的动作，并自由地蹲跳旋转，当中央的人传颂族谱进行排辈教育时，大家才站起来，手拉着手成圆圈，边跳跃边顺着圆周行进，步法是：先出右脚向右跳出一步，左脚紧跟踏地，身体略偏向右行进，转几圈再依理反转。中央的那个人边唱边舞，只要做手部动作，外围的人随声附和，以虚词“那耶希那耶”托腔。

萨满鼓舞

萨满鼓舞的主要舞蹈动作有：

1．“空中画圈”。一脚独立，一脚正面抬起离地一尺多高，从里向外划二圈(亦可从外向里划)，每划一圈，双手在头顶或斜上方击鼓一次。

2．“前踏、后退步”。第一拍：右脚向前方跳、落地要有力，同时左脚跟上合拢踏地，手在正前上方击双鼓点。第二拍：姿态不变。第三拍：左脚向后退一大步，同时双手从下击单鼓点。第四拍：右脚拉到左脚旁，双手在下不动。此动作要做四个方向。

3．“三拍跺步”。一拍迈右脚，步子要大，二拍左脚跟上(也可转身)。三拍用右脚跺地，左腿自然抬起。这样连续做，双手随着步法晃动，在第三拍上击鼓。

4．“碎步原地转”。双脚在原地快速换脚跺地转身，可向左右

白兰提供

急速旋转。双手在腰下击碎鼓点，也可在左、右前上方打点。

5. “原地双跳步”。双脚在原地跳跃，落地时要用力跺地，双手在胸前正、反击鼓。

6. “移动双跳步”。双腿大幅度向旁跳跃，落地双脚合拢成蹲式，双手在跳的方向或上或下击鼓。

萨满在跳神时，必须身穿神衣手持“文图文”，边唱边鼓，请一个神就得唱一个调。有些调与民歌相似，有时就用民歌曲调来传达神灵的旨意。

另外，在鄂伦春族的民间歌舞中，还有一种自娱性的歌舞形式。这类歌舞也往往以呼号的头音或曲子名称来命名。如唱“鄂呼兰德呼兰”时，就叫“鄂呼兰”舞，唱“依和鲁”时所跳的舞就叫“依和鲁”舞。还有一种妇女们跳的群舞，“哲和哲”、“达汗达”、“格呼日格”等，都是以呼号而起的名。该舞无乐曲伴奏，由舞者自己边跳边喊，参加人数不限，只要成双数即可。动作的变化由呼号的改变而改变。这些民间歌舞虽说动作少而简单，但在他们跳时，兴致是很浓的。

无论跳什么舞，只要有人起头，众人都能随着起舞，可见民间舞蹈已成为鄂伦春人民生活中不可缺少的一个内容。

鄂伦春人也有几天几夜唱不完的史诗

ELUNCHUNREN YEYOUJITIANJIYE CHANGBUWANDE SHISHI

史诗是叙述英雄传说或重大历史事件的古代叙事长诗。多以古代英雄歌谣为基础，经代代集体编创而成，反映人类童年时期的具有重大意义的历史事件或者神话传说。史诗是人类最早的精神产品，对我们了解早期人类社会具有重大意义。史诗和古代的神话、传说有着天然的联系，史诗在神话世界观的基础上产生，而它的发展最终又是

白兰提供

对神话思想的一种否定。史诗是一种庄严的文学体裁，内容为民间传说或歌颂英雄功绩的长篇叙事诗，它涉及的主题可以包括历史事件、民族、宗教或传说。史诗在形成和发展过程中吸收了神话、传说、故事等其他民间叙事文学的营养，甚至还借鉴了抒情色彩浓重的民歌等体裁的成就，锤炼形成了自己题材内容、艺术思维方式以及诗学等方面的独特体系。

根据所反映的内容，史诗可分为两大类：创世史诗和英雄史诗。而英雄史诗是一种以长篇叙事为体裁讲述英雄人物（来源于历史或神话中）的经历或事迹的诗。

“摩苏昆”是鄂伦春族的英雄史诗，流行于清代被称为“毕拉尔”的鄂伦春人中，形成于清代末期。“摩苏昆”鄂伦春语意为“讲唱故事”，含有“悲伤地述说或喃喃自述苦情”的意思，多讲唱“莫日根”故事和自己苦难的身世。“摩苏昆”的语言艺术有流畅、押韵、精炼、朴实的特点，在散文和韵文中均有很突出的表现。

传说中“摩苏昆”的由来是这样的，美丽善良的小姑娘乌娜吉汗和哥哥相依为命，可是哥哥娶了个又厉害心眼又坏的媳妇后，嫂子就把乌娜吉汗嫁给凶狠的男人做“团圆媳妇”（相当于童养媳），可怜的她不久就被折磨死了。后来，人们在乌娜吉汗坟墓边总能听到她如泣如诉的悲歌。

“摩苏昆”来源于生活，它的产生与宗教也有密切的联系。鄂伦春人认为萨满不仅是从事宗教活动的神奇的人，而且也是能歌善舞、会说能讲的表演家。作为说唱结合的表演形式，“摩苏昆”曲调不固定，由说唱者自由发挥。故事有长有短，长的要讲上几天甚至十几天。故事人物鲜明，语言生动，情节曲折，引人入胜。演出形式多为一个人徒口表演，没有乐器伴奏，说一段，唱一段，说唱结合。

“摩苏昆”代表作有：《英雄格帕欠》、《娃都堪和雅都堪》、《波尔卡内莫日根》、《布提哈莫日根》、《双飞鸟的传说》、《鹿的传说》、《雅林觉罕和额勒黑汗特尔根吐求亲记》、《诺努兰》和《阿尔旦滚蝶》等十余篇。内容有悲壮的英雄故事，有代表忠贞的爱情故事，有受苦受难的生活故事，有不甘屈辱的反抗斗争故事等等。

《英雄格帕欠》唱词是1900行，七万余字，31个唱段的长篇说唱故事，运用比喻、夸张、排比、借代等多种修辞方法，生动地描述了格帕欠同恶魔斗争的故事，其表现形式，可谓填补了我国狩猎民族没有史诗的空白。《英雄格帕欠》的故事的梗概是：格帕欠是猎手库尔托和鱼神卡达日拉汉之子，是神的后代。玛猊派得肯得义（妖鹰）抓走了库尔托夫妻，钉在洞府的大门和二门上。格帕欠长大了，河里飘来的狍子告诉他父母的下落，花翅膀的沙亚吉（喜鹊）指点他找到了一身勇士穿戴以及会飞的宝马，白胡子老神仙指点他找到了宝弓、宝刀、宝剑。在花翅膀的沙亚吉指引下出发到海边寻找玛猊复仇。途中遇到苏赫欠、阿尔克欠、勒赫欠、考陶汉等各路英雄，他们一起与旋风王、冰雹王、雪王以及狼王、熊王、虎王、蟒蛇王、山怪、林怪、犸猊[1]等进行斗争。犸猊是当时的头号恶魔，在鹰王的配合下，到处抓人、吃人，搞得人人不得安宁。格帕欠团结各路英雄，依靠集体力量，并在神马和神鸟的帮助下，终于把犸猊消灭。故事生动曲折，每个情节都扣人心弦，最后格帕欠消灭犸猊、使人民过上幸福安宁的生活。鄂伦春人歌颂为这一理想而战的英雄，实际就是对这个理想的追求。

白了黑黑了白
日子过得很快
卡达日拉汉生了个胖小子
一转眼孩子会爬了
两口子喜欢得不得了

---

[1] 犸猊，通常写为“满盖”，“莽盖”。孟淑珍整理“摩苏昆”时写为“犸猊”。

起名格帕欠[1]

第十段时苏赫欠唱到：

库雅若库呀若
库雅尔库雅若
远方来的小伙子哟
还不曾领教过
你到底有多大本领
到底有多少把握
敢走无数山山水水
去捅玛猊这家伙的老窝
狐狸缠住野鸡
靠的是尖嘴滑舌
老虎扑死雄鹿
靠的是凶猛无比
老鹰叼走树鸡
靠的是双翅宽大钩嘴儿尖利
小伙子你呢
靠的是什么
也不看看你的手有多嫩
竟敢这般吹吹嘘嘘
你——敢与我比试比试
库雅若库呀若
库雅尔库雅若[2]

---

[1][2]《英雄格帕欠》31段之第三段、第十段、第二十九段、三十段、三十一段，讲唱者李水华，补充讲唱莫宝凤、孟德林、初特温、孟兴全，记译整理孟淑珍。摘自黑龙江流域口头与非物质文化遗产代表作丛书，孟淑珍译著《黑龙江摩苏昆》，黑龙江人民出版社，2009年10月。

第二十九段时有着这样的描述:
宝马抖鬃甩尾，高声嘶叫，前蹄刨地，挨近主人，唱到:

库雅若库呀若
库雅尔库雅若
我的主人那
我亲爱的主人
听我对你诉说
这是个不祥之祸
玛猊的身躯烂了
玛猊的灵魂没了
却有妖法在水中作怪
要将山林全部淹没
如果过了一百天
玛猊将要复活
主人啊主人
我和你一起配合
虽然已经取得胜利
但再来的灾难无法避过
主人虽说勇猛
主人虽说智过人
对水里的妖怪却无可奈何
只有我下水与妖怪拼一拼
这是唯一的办法
假如我能战胜妖魔
也许还能陪伴你生活
驮着你四处打猎
让你帮助那些打不着猎的人富足快活……
库雅若库呀若
库雅尔库雅若

宝马说完泪如泉水流，贴着主人呜咽了几声，抖起洁白的鬃，竖起直直的长尾，昂起漂亮的头颅，挺起雄壮的胸膛，撒开岩石般的宝蹄，跃立半空，尥起惊雷般的蹶子，“轰——”扎进波涛巨浪中。年轻的主人格帕欠一时怔住等醒悟后一下子昏倒在地。只见河心波涛翻滚旋涡挨着旋涡，里面仗打得特别激烈。[1]

到了第三天一早，河面涌出不少黑血，这时格帕欠长呼了一口气醒过来走到河边，看见宝马浮出水面漂过来，银鬃秃了长尾没了头烂了蹄掉了，他扑在宝马上悲恸地大哭。那情景石头见了都心疼，他们想起宝马的话，立刻连夜驮上宝马的尸体，伴着瘦弱不堪的额聂和阿玛，领着被救出的人们和众人浩浩荡荡朝家乡进发了。[2]

第二天，人们起来一看奇迹出现了！用宝马肉干撒落处耸起一座座斜仁柱，其中盖着马皮的那座最漂亮，这是格帕欠家的那座，他领会了那是宝马的恩赐，便不再悲痛流泪。从此，猎民们过上了幸福太平的日子。

每逢大伙聚在篝火旁，猎民们总要唱起自己的英雄格帕欠。[3]

“摩苏昆”的曲调因流行地的不同而有所不同，流传在逊克的多用“库亚若调”，流传在呼玛的多用“库尧勒调”，流传在黑河的多用“因交调”，这种方式属于“类型曲调”。还有根据节目不同而使用不同曲调，如演出《阿尔旦滚蝶》时必用“四季来临的时候”，演出《双飞鸟的传说》必用“渡口河边”，演出《猎人和心爱的妻子》必用“妻子的礼物”，这应该属于“定型专用调”。另外，个别演唱者还会自由选用，或借用曲调表演。

曲折的故事情节，生动的人物形象，感染力极强，再加上优美

---

[1][2][3]《英雄格帕欠》31段之第三段、第十段、第二十九段、三十段、三十一段，讲唱者李水华，补充讲唱莫宝凤、孟德林、初特温、孟兴全，记译整理孟淑珍。摘自黑龙江流域口头与非物质文化遗产代表作丛书，孟淑珍译著《黑龙江摩苏昆》，黑龙江人民出版社，2009年10月。

的曲调和幽默生动的语言艺术，使听者更加废寝忘食，如醉如痴。“摩苏昆”一直以口耳相传的方式传承，著名艺人有莫宝凤、莫桂珍、孟淑珍、关金芳等。

摩苏昆在形成后的整个20世纪，曾经是鄂伦春族人民重要的娱乐和教化手段，同时又是其民族精神和思想的载体，对于了解和研究包括鄂伦春族在内的北方各渔猎民族的社会、历史、经济、文化和宗教传统意义十分重大。今天，“摩苏昆”遭到了传承的难题，说唱“环境”已经不是游猎时期，人们的视角和愿望早已超出先祖的大、小兴安岭。在国家和鄂伦春人民的努力下，2006年5月20日，经国务院批准，“摩苏昆”列入第一批国家级非物质文化遗产名录。[1]

摩苏昆的艺术传承一直以口耳相传的方式进行，著名艺人有莫海亭、李水花、魏金祥、初特温、孟德林等。

任何文学作品都是语言的艺术，史诗的语言尤其是这样。在“摩苏昆”中，不论是说还是唱，有着和谐的自然节奏、韵律，饱含着感情色彩。从摩苏昆的汉译本中，能看到这一特点。

摩苏昆在形成后的整个20世纪，曾经是鄂伦春族人民重要的娱乐和教化手段，同时又是其民族精神和思想的载体，对于了解和研究包括鄂伦春族在内的北方各渔猎民族的社会、历史、经济、文化和宗教传统意义十分重大。但今天的摩苏昆遭到了现代化的强烈冲击，生存出现危机，亟须加以保护。

2010年3月30日上午，哈尔滨师范大学音乐学院在音乐厅举办了国家非物质文化遗产保护项目——“鄂伦春族‘摩苏昆’说唱艺术报告会”，邀请了鄂伦春民间艺术家、国家级非物质文化遗产传承人、

---

[1] 桂珍《鄂伦春族“摩苏昆”》，这段文字摘自她名为“刺尔滨鄂”的网易博客，2010年4月20日。

莫桂珍老人还向大家讲述了有关于“摩苏昆”的故事，还特意介绍了“摩苏昆”的发现者和研究者——鄂伦春族民间文学家孟淑珍保护非物质文化遗产的故事。

白兰提供

77岁高龄的莫宝凤、黑河市鄂伦春艺术团团长莫桂珍以及大兴安岭地区红十字协会的副会长、省级非物质文化遗产传承人关金芳到场作了报告和演唱。鄂伦春族老艺人莫宝凤和莫桂珍老人穿着盛装，坐在台上边说边唱，滔滔不绝。她们表演的摩苏昆说唱《布格提哈莫日根》，娓娓动听的叙述语言艺术，激发了全场观众的浓厚兴趣。

在报告会即将结束的时候，两位老人为大家现场表演了萨满舞蹈，省级非物质文化遗产传承人关金芳为大家演唱了一首鄂伦春民歌，她们精彩的表演博得了在场的师生热烈掌声。

通过此次专题报告会，音乐学院的师生们对非物质遗产的现状、鄂伦春族“摩苏昆”说唱艺术有了全面的了解。

在鄂伦春族中流传的“坚珠恩”，具备了叙事诗的特点，由于说唱的人都已老了，也没有过去狩猎时代人们能够几天几夜围坐篝火倾听的生活环境，所以，目前还没有发掘出完整的篇章，搜集整理的片段，从形式上看是讲唱体，从内容上属于叙事诗。如《婕兰和库善》、《库巴列》、《薇丽彦和英沙布》等都属于叙事诗。在几位演唱者的片段记忆中，其内容大致有这些：有表现忠贞爱情的，有颂扬女主人公反抗性格的，有表现孤儿和寡妇苦难生活的。尽管没有“摩苏昆”那样宏大的场景，但是围绕主题絮絮叨叨的表达，你能感受到这些叙事诗情节完整而集中，人物性格突出而典型，有浓厚的诗意，又有简练的叙事，有层次清晰的生活场面，还有巧妙而优美的形容。

专家认为，中国的民间叙事诗是一种具有比较完整的故事情节的韵文或散韵结合的民间诗歌，叙事性是民间叙事诗的突出特点。在民间叙事诗的创作和传播中，巫师、艺人、歌手等起着比较重要的作用。民间叙事诗的故事有开端、发展、高潮和结局，还有尾声。比兴、夸张、排比、拟人、重叠、复沓等修辞手法比比皆是，其中不乏比较完美的文学作品，在中国民间文学中具有重要地位。其中有些宏伟的篇章不但是民族文学的宝贵财富，而且具有世界意义。同时在民族学、民俗学、宗教学、语言学等学科的研究中也具有重要的价值。

竞技是马背民族释放情感的重要的仪式性方法

JINGJISHI MABEIMINZU SHIFANG QINGGANDE ZHONGYAODE YISHIXING FANGFA

在描述古代生活情景的鄂伦春民间神话故事中就已经有了挽弓射箭和摔跤、赛马，以培养勇士比武技能、战胜强敌的情节，这应该是鄂伦春族最早的体育了。在以狩猎经济为主的年代，氏族需要的是臂力强、射箭有力、射击准、骑术高、能较多猎获野兽的“莫日根”（猎手）。射击、射箭、骑马成为猎人炫技的项目，这些竞技活动，又同他们的渔猎生活紧密联系着，每天同野兽进行搏斗，猎人需要掌

白兰提供

握走、跑、骑、射、划船、游泳等技能。同时，在狩猎之余的竞技，有助于培养体质好、有技能的劳动者及有进取意识、机智勇敢、善于团结合作的社会成员。后来，有了战争，如马术、射击和角力等竞技活动得到进一步发展。由此可以看出，竞技是从生产、生活和军事需要产生和发展起来的。

鄂伦春族的传统竞技，器材简易，场地随意。许多竞技活动所需要的用具，制作比较简单，甚至是可以随手拿到的，像拽棍用的短棒、比颈力用的长布腰带，投石头等。从场地说，无论是在住地还是在山林里都可以开展摔跤、赛马、拽棍、比颈力、打球、扛人、掰腕、赛跑等等比赛。由于器材和场地简便随意，适合活动的开展和人们的参与。

鄂伦春人的竞技具有群体对抗性，表现群体实力和气势的特点。竞技活动是以群体为抗的形式出现时，参加者既可以展示自身的勇气、力量和技巧，更要力争集体的荣誉。鄂伦春族传统竞技活动是群体凝聚力的一种展示，表现了整体的实力，也是在向参与者灌输群体荣誉感。

青少年是竞技活动的主要参与者，这对于成长中的青少年来说，是非常必要的。长辈们支持和鼓励青少年参加竞技活动，帮助他们制作器材，指导活动方法，把竞技作为教育青少年的一种方式。传统的竞技活动中，还有如“章跟班弟”这种棋类项目，既是勇气和力量的搏击，更是技巧和智慧的角逐。

竞技活动的类型大致包括体力竞技、智力竞技和少儿游戏几个方面。

游戏

鄂伦春族儿童，从能玩耍时起，父母就为其制作各种玩具，“阿尼罕”（桦树皮玩偶）就是其中之一。他们给孩子剪鹿、狍、狍、天鹅、大雁等各种动物形象，让他们从小识别这些动物，进行捕捉动物的游戏，从中增长生存知识。

“阿尼汉特”（过家家），用五颜六色的布头、皮边、鱼骨、兽骨、禽羽和杂草做成不同形状、不同年龄的人偶，或做成猎马、猎狗等。如做女人偶时还给她扎小辫或做个头饰。玩这种游戏需两人以上。玩者各自准备人偶及其它玩偶，用草棍、树枝盖起“斜仁柱”并按民族习惯把内室布置好。玩者把人偶关系处理妥当，分好上下辈、亲属朋友等。玩的主要内容是反映生活中的趣事。比如出猎、打鱼、做皮活、放马、抓马、采集野果等。大家都听“长者的”吩咐，一家有事，大家都伸出友谊之手帮助。反映在自然环境中共同生活、和睦相处、团结互助的美好愿望。这种游戏，能使孩子们从小懂得热爱生活、尊老爱幼、勤俭持家的重要性。

男孩子喜欢玩小动物、骑马和射箭等游戏，父兄就给他们捉来狍崽、野猪崽和小鸟玩耍。他们还用一根树条子代为驯鹿或马，骑着跑来跑去。父兄还用树条制作小弓箭，把箭头削成尖形，有的还做成响箭，培育他们骑射和狩猎的兴趣。

鄂伦春人还有两种古老而有趣的游戏：一种叫“包利克坦”，也称“巴里哈特”（抓瞎），即一个人用帽子蒙住双眼，去抓别人，抓住后要猜出是谁，如猜不着，就继续当“瞎子”。另一种叫“萨夫克坦”（意为“被识出”），要求化装或穿女性服装，游戏开始前将脸蒙上或用浓颜涂抹，别让人认。这两种游戏对鄂伦春族有特殊意义。鄂伦春人在听到微小动静，马上就要辨别出是哪种动物在活动，距野兽很远时，也要马上判断出是什么野兽。这两种游戏无疑是在锻炼他们的听觉和视觉。

孩子们还喜欢玩野猪皮雪橇，叫“特更色帕然汉”在大雪封山的季节，大人为孩子拿一块未加工的野猪皮当滑雪工具，孩子们坐在上面，2人为一组，前者用脚当舵，后者搂腰或抱肩，从山顶上顺着雪道飞速下滑。尽管常有闪落者滚落山坡，但玩者乐在其中。

“嘎胡吉卡特”是荡秋千，长期的野外生活，父母常常无暇顾及孩子。一旦得闲，大人们就在“斜仁柱”旁的歪脖树或大树的横枝

白兰提供

挂上用兽皮拧成的“嘎胡吉卡特”（绳索）供孩子们玩耍。荡悠秋千高低起落的孩子们悠然自得，兴致勃勃。

“阿尤汗”即抓嘎拉哈，“阿尤汗”是狍子前腿膝关节上的膑骨，去掉筋肉，干燥磨搓后，就成了小巧玲珑的凸凹有致可爱玩物。它有四个不同形状的面，分别叫做“市切”（背）、“初克”（坑）、“它阿”（轮）、“贰卷”（珍）。“阿尤汗”有三种玩法：第一种叫猜测，内含祝愿、祝福之意。抓一把“阿尤汗”然后扔散在平地上，同时快速猜测“市切”多还是“初克”多。“初克”多就意味将来生女孩多；“市切”多，就意味着将来生男孩多。这种玩法多为女孩子。第二种叫互弹。即逐个“消灭”玩法。把20多个“阿尤汗”扔撒在一定范围内的圆圈中，玩者每人手中持一枚母子，向圈内投掷，分出“市切”和“初克”后，使形成了甲乙对峙阵势，然后把母子放在圆圈的任意一点，用中指或食子弹击对方，被击中者就算“死子”。最后以击中多少决胜负。第三种叫抓“阿尤汗”。并接住将要落地的小布口袋。抓到两个为1个数，3个以上为10个数，4个以上为40个数。当抓满100个数时，就开始搬珍。搬珍难度较高，要求也严，其顺序是把“阿尤汗”翻跃成两个以上的“市切”。把“市切”抓完后，再接“初克”、“它阿”、“贰卷”翻跃，其过程中如有一次小口袋失落就算失败。玩者必须手疾眼快，才能同时抛接小布口袋和翻跃起“阿尤汗”不同面的双重动作。这种游戏集智力与技能为一体，动作优美，扣人心弦。

竞技运动

跳绳和投石

跳绳和投石是鄂伦春人一项传统的竞技项目。

跳绳是一项使全身运动的体育项目，此项活动对游猎民族来说是非常必要的。活动时得两人摇动皮绳，使跳绳的人从不同角度跳进跳出，这是一种全身运动，对游猎民族来说是非常必要的。

白兰提供

投石有三种：一种是用手投掷；另一种是用柳条将石子夹住甩出去，后者比前者投掷得更远，这是原始狩猎袭击野兽的必要手段。第三种是将扁圆的小石子横撇在河面上，石子飞行在水面上荡开涟漪，打出成串的水圈，打出的水圈多者为胜。

拔河

拔河，鄂伦春语称“坦滴仁”，就是“拽”的意思。在鄂伦春人中，有一种古老的拔河形式，不是用绳子拔，而是用木棍拔。两个男人在地上相对而坐，脚顶着脚，双方拿着一根木杆，各持一端，互相拉拽，直到将其中一方拽得站起来。现在把这种拔河比赛称为拽棍比赛。

颈力

颈力比赛是经常开展的体育活动，男女老幼都可以参加，两人对坐，伸直双腿，两脚相对蹬住，双手放在前面，把一根腰带的两头系紧，形成套状，套在双方的脖子上。比赛中双方用力蹬腿后仰，拉动双方，臀部被拉起离地者为败。

摔跤

鄂伦春语称摔跤“臣滴仁”，也是鄂伦春人喜爱的竞技项目。在各种集会期间，青年男子要进行各种形式的摔跤。两个人互相用手抓住对方的肩，可以吧对方抱起旋转，用脚别，直到把双方扭倒。比臂力、比腰力，甚至还比谁的块大。

赛马

赛马在鄂伦春人中是一种非常普及的活动，鄂伦春语称“衣如滴仁”。也是一种非常普及的体育活动。马匹是鄂伦春族的主要交通工具，打猎、驮运和搬迁都用马匹，鄂伦春人从五六岁起就单独骑马，到了十几岁就成为熟练的骑手了，马术的高低，与马匹配合的默契度，是与猎获野兽成正比的，也是好猎手的重要标志。每当春节、氏族集会或举行婚礼时，人们都要赛马。赛马有长途、短途之分。

射箭、射击

射箭，鄂伦春族称“拍兰地然”，是鄂伦春儿童、青少年以至

白兰提供

中老年人都喜爱的竞技。鄂伦春族二百年前还使用弓箭。过去在节日里和氏族集会上，都要进行射箭比赛。这种比赛除了比命中率，其实对使用的弓箭的性能的了解、射箭者的臂力、耐力等都是一个考验。在使用枪支以后，也用枪支进行射击比赛。

赛跑

赛跑，鄂伦春语称“吐善滴仁”。赛跑对追逐野兽的鄂伦春人来说，是不可缺少的竞技项目。在早期的狩猎中，由于生产力低下，只能用棍棒、石器或弓箭进行狩猎，遇上野兽或将野兽打伤，如能迅速追赶将其捕捉，就能取得丰盛的肉食，所以赛跑这项体育活动就显得非常重要。赛跑有负重或不负重的，有的把双腿捆上蹦或单腿蹦等多种形式，从而使腿脚锻炼得更加灵活。

打球

打球是鄂伦春人又一古老的体育比赛项目。球有三种：

一种是小球，二人的距离不太远，用手当球拍，在草地上做网球式的游戏。

一种是大球，用脚踢着前进或用手投掷。这种球是用柔软的皮革制成，里面用兽毛作为填充物。这可能就是古老的“蹴鞠”。

还有一种球鄂伦春语称“播那天波汗”，是把长在柳树上的软蘑（学名叫“蹄形菌”，俗称“老牛肝”）采下来，削成圆球。这种球小巧玲珑、轻盈方便。打法：两人在相距几十米的地方相互扔球，接过来再扔给对方，能准确地投打对方者为胜，这种体育项目是全身运动，锻炼人的智力与技巧。

掰腕

掰腕比赛是男妇女老幼都能参加，而且是随时随地都可以开展比赛的体育活动。比赛时两人各伸出右手互握，胳膊肘放在中间的木

白兰提供

墩或石板上，当喊出开始后，双方一齐用力往自己左方向使劲，同时胳膊肘不能离开木墩或石板，谁先把对方的手摁倒谁为胜。有的时候右手掰完换左手再比高低。

跳高

鄂伦春语称“干嘎利仁”。猎人在山林中打猎，翻山越岭、跨河沟、走塔头是常事，因此，猎人必须锻炼跳跃能力。为了比试跳跃的技能，人们便开始“干嘎利仁”的比赛活动，方法用木杆撑跳大小沟壑或跳越横杆，跳得远、跳得高为胜。

扛人

鄂伦春语称“括唠挖喔那仁”。“扛人”的原型是，过去烧的柴火要去山里或河边拣拾，有时去背或扛干枯的“站杆”，为了不使火熄灭，每天都要拣拾许多树枝和扛木头。扛人的比赛活动就是由此发展而来。方法是：一个人躺在地上，另一个人将其扛起来，绕着“斜仁柱”或篝火跑，谁跑得时间长谁为胜。

游泳和划船

游泳同样源于远古的渔猎生活。兴安岭河流密布，纵横交错，不会游泳是很难行动的。他们从孩提时代起就在小河中进行游泳嬉戏，青少年常常进行游泳比赛。他们游泳技术很高，不但会顺水游、逆水游，还会踩水，到十五六岁长成猎手时，不但能自如地游泳过河，还能把在河中打到的水禽、野兽轻松地拖上岸来。

桦皮船，鄂伦春语称“木若沁”。划船在鄂伦春人中也是一项重要体育项目。他们的水上交通工具，有木排、兽皮筏、独木舟和桦皮船。在近代，他们用于划船比赛的主要是桦皮船。男孩从小就进行划船游戏；在夏季，青壮年三五成群地进行划船比赛。

滑雪板

中国古代文献记载的“骑木而行”，说的就是滑雪板。鄂伦春族的滑雪板最初是用于狩猎，兴安岭地区，大雪封山长达半年，猎人出行和狩猎都非常困难，尤其不能骑马、乘鹿，于是，用木板缚于脚上，踩在雪地里由于受力面积大而不至于陷得走不动。而且，有的猎人还能滑雪，他们踏着滑雪板在山地里行走如飞，追打野兽是大雪季节的首选。鄂伦春人是否举行滑雪比赛，无这方面的史料，但与他们同源的鄂温克族在农历正月是举行滑雪比赛的。

竞技运动的发展

早在1964年，内蒙古体委就派教练来到鄂伦春自治旗，训练他们的射击队员。当年选出8名选手组成旗射击队，参加内蒙古第五届射击比赛大会，比赛结果获团体总分第3名。1959年9月我国举行的第一届全运会上，年仅16岁的鄂伦春族青年葛畏列打破小口径步枪立射和卧射两项国家纪录。会后他被留在国家体委射击队，从此开始了射击运动生涯。1973年在全国个人冠军赛中，他囊括6项第一。1975年8月，在马来西亚举行的第三届亚洲锦标赛上，获60发卧射比赛冠军。到1983年，他共33次打破国家纪录。他被授予“新中国体育开拓者”荣誉称号，后来葛畏列成为解放军“八一”射击队少校级教练。葛畏列1943年生于内蒙古北部的大兴安岭，七八岁就跟随父兄上山打猎，当16岁选送至内蒙古自治区射击队时，他已经是鄂伦春自治旗方圆几百里的知名小猎手。

射击是鄂伦春人从小就必会的技能，包括女性也会射箭、射击，由于祖祖辈辈的遗传技能，现代体育项目中，鄂伦春射击运动员在国际国内的多种比赛活动中，有近10位取得了不菲的成绩。

现在，每逢重大节日、喜庆时，鄂伦春人都要进行射击比赛。

奥运火炬手葛骥文，1960年出生，1978年考入中央民族大学汉语言文学系，1982年毕业，分配到黑龙江民族职业学院（原为黑龙江省民族干部学院）工作至今。推选葛骥文为奥运火炬手，是黑龙江省对鄂伦春族对体育竞技贡献的肯定。

以生产生活经验治病的人

YISHENGCHAN SHENGHUO JINGYAN ZHIBINGDE REN

白兰提供

鄂伦春人在漫长的狩猎生活中,吸取大自然中动植物的养料。在与疾病作斗争的同时,由过去的“跳神”“招魂”“占卜”等心理治疗,经过反复摸索,在生产、生活中积累了丰富的经验,逐渐学会了取药于各种动物和植物,治疗疾病,积累了治疗一般疾病的民间土方,也为我国中草药的发展做出了贡献。

鄂伦春草药,有上百种,这里介绍几种:

1. “阿叉”(爬山松)。“阿叉”这种植物,生长在石砬上,滕茎周围长着小松针,非常尖,滕曼状,遍地都是。主治:风湿病、腰腿痛、骨质增生,对腹泻有疗效。用法:(1)对风湿等类的病,是煮好后,用热气熏着身体,然后,再用汤洗患处。(2)把阿叉煎成粥状,弄成药膏,贴在患处,对风湿病有疗效。

2. “昂达哈”(百合果)。“昂达哈”多年生草本植物,鳞茎呈球形白色或浅红色,花呈漏斗形,鳞茎可供食用,中医入药。功能:消炎、止咳、化痰。用法:阳春三四月挖出来,生根(果)洗净生吃、或煎汤、放在食物中。

3. “拿尼哭热”(满山红)。“拿尼哭热”多生在干丘地带的山坡上，株高3～4尺，枝发脆，分枝多，花紫红色。主治：慢性支气管炎、咳嗽。性味功能：味苦性寒、无毒、有止咳祛痰之功。用法：（1）水煎服用。（2）干品2两，白酒1斤浸泡一周。过滤去渣。

4. “龟柯尼音逆”（狼舌头草）。“龟柯尼音逆”形状像狼舌头，又长又尖，非常细腻光润，紧贴在地面上长。主治：泻肚、腹痛、头伤。功能：泻肚、腹痛时水煎服用。外伤时，直接缠在患部，当“卷布”用，即止血，又消炎。

5. “那热特”（马尿臊）。“那热特”是草本植物，一般生长在草甸上或沟边，茎约半人高，秋季枝端开一嘟噜的小白花。主治：关节痛、风湿，骨折等。用法：用草枝叶洗患处。

6. “市车日贺”。常生于树下、沟旁等阴湿地方，药用地上部分，夏秋割取，晒干切碎用。主治：结膜炎、角膜炎；便血、痔出血；脱肛，研面外敷。用法：1钱5分至3钱，水煎服，外用适量。

7. “依涅厄殿”（暴马丁香）。“依涅厄殿”多年生落叶灌木，生于山间、林内、河岸，高1~3丈。树皮灰褐色，有横线纹，皮有苦味，花白色，果冬天开裂，像小鸭嘴。主治：慢性支气管炎、咳嗽，能清肺祛痰。用法：干品5钱至1两，水煎服。

8. “莪第阿如特”。高约1~2尺，根棕褐色，有香气，单叶互生、花小、黄色、复伞形花序，双悬果，褐色，长圆形，多生长于山坡、草原、灌木丛中。性味功能：味苦性微寒、无毒。可解热开郁调经平肝，和解表里。主治：（1）寒热往来，胸胁满闷，心烦欲呕。（2）肝气郁结，两胁作痛，月经不调。用法：2~3钱，水煎服。

9. “克库泥担嘎逆”（马粪包）。“克库泥担嘎逆”马勃科菌类植物，大小不等的球状物。肉质有弹性，幼时色白，成熟后柔软体轻，外皮变褐，内部棕黄色，内有棉絮状，捏一捏的话有多量灰状的孢子跑出。多生于阴暗潮湿，腐殖质较多的地方。采集加工：药用菌体。刚成熟时采下去泥，晒干备用。性味功能：味苦性平，无毒。有清热解毒，利咽喉，止血之功。主治：肺热咳嗽，扁桃体炎，咳嗽失音，外伤出血、吐血、咯血。用法：1~2钱，水煎服。外伤出血，可用其粉状物按敷。

白兰提供

10. “卡库特”（刺玫花）。“卡库特”蔷薇科多年生落叶小灌木，高4~5尺，多分枝，枝上有弯钩刺，单数羽状复叶，椭圆形，叶脉明显，边缘有锯齿。花紫色，很香。花落后结扁球形红色小果。多生于山腰、地埂、灌木丛中。采集加工：药用花、果，夏季采花蕾，果熟时摘果，阴干备用。性味功能：味微苦性温、无毒，有健脾、理气调经之功。主治：消化不良、胃痛腹胀、月经不调、痛经。用法：2~3钱，水煎服。

11. “波呀阿如特”（人参）。“波呀阿如特”像人草，多年生草本植物。高2尺余，工茎单一，直立，光滑无毛。掌状复味，小叶五枚，有长柄，花顶生，黄绿色，果实为扁球形浆果，生时青色，熟时鲜红。多生于山地阔叶混交林或杂木丛中。采集加工：药用根，秋季采掘后，去泥土，晒干。性味功能：味甘微苦性温、无毒，能补气养血、生津、止渴、安神。主治：与黄芪配用，可治脾胃虚弱、食欲不调、腹泻；与五味子配用，可治营养不良水肿，低血压。用法：1钱5分至3钱，水煎服或酒泡用。

12. “吟音细”（党参）。“吟音细”桔梗科多年生缠绕性草本植物，根粗大，上部有横纹，根头有许多灰棕疙瘩，茎蔓生，长2~5尺，幼茎有毛，折断冒白浆，叶互生或对生，形被有白色毛，花单一。多生于山区林中，腐殖质深厚的地方。采集加工：药用根，秋季采收，去泥，晒半干，用水操揉，再晒。性味功能：味甘性平、无毒。能补气养血、生津、止渴、安神。主治：与黄芪配用，可治脾胃虚弱、食欲不调、腹泻；与五味子配用，可治营养不良水肿，低血压。用法：1钱5分至3钱，水煎服或酒泡用。

13. “乌拉音乌丘克”（五味子）。“乌拉音乌丘克”或乌拉音（即红色）多年生木质藤木植物，藤细长，可达1~2丈多，缠绕于灌木中，皮捻之有花椒气。叶互生或簇生，边缘有疏小锯齿，花黄白色，有香气，浆果球形，成熟时红色，嚼之酸甜苦辣咸五味俱全。多年于深山树林，灌木丛中。采集加工：药用果实，果熟时采下，晒干备用。性味功能：味酸咸性温，无毒，为常用强壮药。主治：肺虚咳嗽，自汗、盗汗，神经衰弱，肾虚腰腿痛，慢性肝炎。用法：1~2钱，水煎服；泡酒服或泡白糖。

14. “粗吐尼住”（蜂房）。“粗吐呢住”大黄蜂的房，圆形，灰白色，背硬，背面有柄，下面有许多六角孔，多筑于房檐下或野外树枝上。采集加工：四季采收，采后除去死蜂及蛹，备用。性味功能：味甘性平，有毒，有祛风杀虫，解毒之功。主治：痈仲，淋巴结结核，湿疹；煎水漱口，治牙痛；内服可治小儿惊痫，抽搐，风湿痛。用法：1钱至1钱5分，水煎服或烧炭存性研末服。

15. “夸若气沫”（若木头）。“夸若气沫”是多生灌木，多长于半坡上，开白花。主治：慢性支气管炎，咳嗽。功能：消炎、解毒、接骨。用法：水煎服。

16. “申克热”。“申克热”多长在松树旁边，光石附近或都肺甸上，有香味。主治：支气管炎、咳嗽。用法：把茎、叶含在嘴里，再把药汁咽肚，汁有苦味。

17. “恩地库热”（玉竹或竹根七）。“恩地库热”是多年生草本植物，根茎横生，长圆柱形，有节，椭圆形，叶面绿色，花腑生，绿白色，像铃铛。浆果球形熟时紫黑色，多生于阴坡草丛、塔头和灌木丛中。采集：药用根。功能：有养阴润燥、生津止渴、活血消肿之功。主治：治身体虚弱，病后心烦口渴；跌打损伤，用鲜根捣烂外敷患处。用法：2~3钱，水煎服。

18. “色恶”（刺猬皮）。“色恶”体短而肥，长数寸至一尺，四肢短小、嘴尖、吻细，形似老鼠，全身生硬毛，昼伏夜出，受到打击则头足蜷成球。多栖居于草垛，地穴中。采集加工：药用外皮。夏秋捕捉后肃皮阴干备用。功能：有收敛止血破坚之功，无毒。主治：便血、血痢、痔疮；子宫出血、肝硬化。用法：2~3钱，水煎服或研末服。

19. “西厄里汗”。菊科，一年生草本植物，高2~3尺，根于地面处向下弯曲。茎有棱，花黄色，头状花序，生于茎顶，呈伞房状。多生于山坡、草地、林边。采集加工：药用全草。夏季采收，鲜用或晒干备用。主治：蛇咬，蝎蜂螫伤，疮肿。用法：枝叶可用2~4两，捣烂敷患处，也可取干根、茎2~3两，水煎服。

20. “衣市特尼厄车恨”（烟袋锅花）。“衣市特尼厄车恨”多年生草本植物，株矮小，叶为典型形，全缘，有长柄，叶表面绿色，通常只有叶片2枚，老株多至数枚，5~6月间两叶间抽开红紫色小花，花被反卷形如烟袋锅。多生于山林下、山间阴湿的草丛中。采集加工：药用全草，夏秋采掘后，去泥，阴干即收。性味功能：味咸性寒，无毒，有清热镇痛，利尿解毒之功。主治：热病惊狂，小儿惊风，头痛目赤，咳嗽哮喘，咽喉肿痛，小便不畅，风湿性关节炎，烫火伤，半身不遂。用法：1~3钱，水煎服。烫火伤时，捣碎外敷。

21. 婆婆丁。多年生草本植物，株短小，贴地而生，全株折断有白浆，根生叶丛生，花茎自叶丛中抽出。中空，花顶生，金黄色头状花序；花落后于顶端结瘦果，披针形，顶端有毛，能随风飞荡，很像小降落伞。多生于田边、路旁、沟边、河边。采集加工：药用全草。全年可采，采后晒干。性味功能：味甘苦性寒，无毒。能清热解毒。凉血散结，通乳，通小便。主治：可治疗疮肿毒，红肿热痛；

白兰提供

淋巴结核和肝炎。用法：1~3钱，水煎服，也可用鲜品捣或熬成流膏敷于患处。

22. 黄芩。多年生草本植物，高1~2尺，茎圆，方形，丛生，根粗大，处皮暗褐色，叶对生，无柄，花紫蓝色、唇形，生于茎上端，多偏向一侧。多生于深山区山顶、草地或高的山顶上。阴阳面均有。采集加工：药用根。春秋采挖，去泥土，撞去老皮，晒干，润透切片备用。性味功能：味苦性寒，烦渴；适用于高血压、头痛、吐血、便血、肠炎、痢疾、月经过多。用法：1~3钱，水煎服。

23. 车前子。茎高数寸到一尺，下有须状根叶根生，有长柄。花穗状。上稠下稀；蒴果盖裂，种子细小。棕黑色。多生于田边路旁、山溪沟边。采集加工：药用全草及种子，夏采全草晒干。秋采种子，晒干洗净备用。性味功能：味甘性寒，无毒。可清热利尿，消炎止咳、明目。草和子功能相同。主治：尿路感染，小便不利，水肿，尿路结石。散泻，急慢性肝炎。咳嗽，草煎水外洗，可治结膜炎。根捣烂外敷，可治外伤出血。用法：种子1~3钱（布包煎），水煎服。

24. 黄芪。高2~3尺，茎硬、挺直、多分枝。单数状复叶，小叶椭圆形，花淡黄色，蝶形，成串排列，根茎入地四尺左右，外皮土黄色，光滑无毛根味甘，有弹性不易折断，多生于山坡、地埂、灌木丛中。采集加工：药用根，春秋采挖，去泥晒干。性味功能：味甘性微温，无毒。能补中升阳，固肯止汗，利尿排脓，为补气之要药。主治：与党参配用，治久病衰弱，多汗。用法：2~5钱，水煎服。

除了上面的草药，其他内服的草药还有：用“阿丁敖力高陶”草的茎和叶熬水喝，治疗小儿抽风症；用“摩加其”、“木克切”根和“翁流乐”茎熬水喝，治疗腹泻；用“查眼熬鲁库图”草熬水喝，治疗淋病、腿痛；用“西拉布”树枝熬水喝，治疗各种炎症，如暴发火眼和口唇破裂等。外用的草药有：用“巴黎依拉嘎”草熬水漱口，治疗牙痛、喉头炎；用“嘎胡库如”树枝熬水洗脚，治疗痢疾；用“查彦鲁图”草熬水洗脚，治疗脚气；用“枯林敖力高陶”草熬水，涂在蛇咬的伤口上，可以消炎；用“乌达华”熬水洗患部，治疗皮肤

白兰提供

病；用“尼格的”熬水洗患部，治疗疥癣；用“嘎哈格达”花敖水洗患部，可以消肿。内外兼用的药：把“取灯依拉嘎”的根挖来，一部分生吃，一部分捣烂涂在患部，治疗淋巴肿大；用“安摩”草熬水洗伤口和内服，可以止血止痛；用“嘎黑毛”树枝熬水，口服和涂在患处，治疗骨折、关节炎等症。

大、小兴安岭的植物有些不同，各流域鄂伦春人所用草药也有些不一样，同一草药在名称上也不太一样。

鄂伦春人还掌握了一些动物身上的药用部分的知识及其治疗疾病的方法。如猎取到狍、鹿时，先把肝脏摘出来晾凉后生吃，认为可使眼睛明亮。有的鄂伦春人喜欢吃新鲜的生肾，除了补气补力外，成为了一种饮食习惯。把熊胆用开水调开服下，治疗肝病、腹泻、咳嗽、头痛、眼炎、腿肿等症。眼炎除服用熊胆外，还可以将胆汁点在眼窝里。将鹿茸用开水泡服，治疗咳嗽、喘息。将鹿心血用开水化开服下，治疗心脏病。用鹿胎膏治疗妇女病和不孕症。

鄂伦春人虽然能用动植物身上的药用部分治些小的疾病，但是，遇到大的疾病或传染病，就无能为力了，还是请萨满跳神。那时没有预防疫病的知识，甚至由于没有与外界接触而缺少抗病毒的免疫能力，天花、麻疹、伤寒和肺结核病曾经在鄂伦春族地区蔓延。据俄国人类学家史禄国和随日军侵华的人类学人士当时的记录，1905年到1938年期间在今天的鄂伦春旗境内游猎的“乌力楞”中曾发生过3次大的疫病，1905年甘奎因天花死亡218人；1930年甘奎和托扎敏发生麻疹并发症，死亡86人；1938年诺敏发生肠伤寒合并成肺炎，死亡98人。1939年黑龙江省逊克县鄂伦春族被日本帝国主义集中起来居住，患传染病后死亡60余人。据1915年至1917年调查，我国有鄂伦春族4111人，但到1953年第一次全国人口普查时仅为2256人，36年减少了几乎一半。

飘溢着吉祥的时光

PIAOYIZHE JIXIANGDE SHIGUANG

鄂伦春族的传统节日有春节、氏族的“莫昆”大会和宗教活动“奥米纳仁”等。近、现代，鄂伦春人的社会组织结构发生了根本性的变化，宗教信仰也淡化了，“莫昆”大会和“奥米纳仁”已被篝火节所取代。现在的鄂伦春族受其他民族的影响，也过元旦、圣诞等节日。

春节

春节对于鄂伦春人来说是庆祝狩猎丰收，辞旧迎新的喜庆日子，因此对春节十分重视，“乌力楞”住地的固定时间也相对长一些，出门的人在春节前一定要赶回家团圆。为了过好春节，猎手们从

采购年货　白兰提供

腊月初就进山打猎，准备大量的狍子肉、鹿肉和野猪肉，并用皮毛换回布料、米面和烧酒。心灵手巧的妇女们用夏季就熟好的皮子精心地为家人缝制新皮衣。把“斜仁柱”里里外外打扫得干干净净，迎接春节的到来。

除夕之夜，鄂伦春人点起旺旺的篝火，吃着团圆饭，就开始过年了。鄂伦春人认为除夕吃得饱饱的，一年就会丰衣足食，因此把家里的好肉拿出来，让大家吃个够。年夜饭开始前，先在“斜仁柱”外燃一堆篝火，向火磕头敬烟、酒、肉，感谢它带给鄂伦春人的温饱和吉祥。

然后，全家在长辈的带领下，供奉神灵，祈祷诸神保佑人人平安，狩猎丰收，全家过好日子。

鄂伦春人要在除夕夜给长辈拜年，老人接礼时则祝福子孙们多打野兽，好好养育孩子，合家美满。大年初一同一个“乌力楞”的同辈们相互拜年。每个人都身穿节日盛装，到“斜仁柱”里互相行屈膝礼问好。初三，到其他“乌力楞”的亲戚家拜年。拜年的人先给火磕头，再给长辈磕头敬酒。

鄂伦春族是一个注重礼仪的民族，不论大人、小孩，对长辈都非常尊敬。老人说话，晚辈要认真听，不乱插话，哪怕长辈年纪比自己小，见面也一样请安。老人们也非常自重，一言一行都为后辈做榜样。鄂伦春人尊老爱幼的传统美德至今流传，不懂或违反礼数的人会受到别人的耻笑和长辈的责骂，甚至从心里将他排斥在本民族之外。

鄂伦春人春节的前五天，大家拜年、喝酒、唱歌、跳舞、摔跤、射箭、赛马，尽情享受节日的欢乐。从初六开始，男人们又可能出去打猎了。但正月十五还是要热闹一下，仍然要喝酒、唱歌、跳舞。正月十六鄂伦春人有抹黑脸的习俗，据说抹上黑脸能驱赶邪气和鬼怪，一年里平平安安。从早晨开始，孩子们就这家串那家，那家串这家地互相抹黑脸，除了儿子、儿媳与父亲，大伯子和弟媳之间不能抹之外，其余的人都可以互相抹。青年人磕个头后给老年人抹上黑脸为老人驱病祛邪，老人也会微笑着接受年轻人这样的祝福。

“莫昆”大会

“莫昆”是鄂伦春族氏族社会的最高组织形式，“莫昆”大会是氏族最高权力机关。清代加强了对鄂伦春地区的组织管理后，鄂伦春社会组织形式开始转变。除了“莫昆”这个氏族组织以外，清政府还设了路、佐等行政组织。氏族长“莫昆达”是氏族选举产生的，佐领“章京”由官方任命。“莫昆达”只管本民族的事务，佐领则管理民族关系的事务。他们行使职权时，“莫昆达”站在氏族角度上可以管佐领，佐领站在行政角度上可以管“莫昆达”。

鄂伦春人称全体氏族成员参加的氏族大会为“莫昆乃岳苏”。选举氏族长“莫昆达”大会十年召开一次，续族谱大会三年召开一次。氏族大会由“莫昆达”主持。召开氏族大会时，要杀牲祭祖。选举氏族长，主要由氏族男性成员表决。续族谱时，由“莫昆达”讲解族谱，使氏族成员了解人们的辈分和亲疏关系。在氏族大会上，对违犯和破坏氏族习惯、道德的人和事要进行批评处理，对长期离开的人要开除。氏族大会期间，举行唱歌、跳舞、摔跤、赛马和射箭等娱乐活动。

白兰提供

奥米纳仁

“奥米纳仁”是大型的神事活动，是举族盛事。鄂伦春族的萨满教没有系统的教义和成文的经典，也没有具体的宗教创始人，但对于民族文化遗产有着特殊的传承作用。萨满跳神时的音乐、舞蹈是远古传下来的韵律；萨满口传心授的各种祝赞辞，包括了民族的起源、氏族的形成，英雄与恶魔的斗争等内容，成为完整保留传统文化的重要口头经典。萨满的主要职责是主持祭祀、祈祷、跳神和治病。萨满平时没有特权，但受到族人包括首领的尊敬。每个萨满要经过多次“奥米纳仁”才能真正取得萨满资格。在“奥米纳仁”中，许多萨满通过跳神来比试法术。萨满跳神时，敲着神鼓边舞边唱。每当神灵附体时，萨满咬紧牙关，双目紧闭，周身晃抖，神衣上的铜铃和挂珠相互撞击，夹杂着低沉急促的曲调和节奏，气氛紧张、狂热、神秘。

祭“火神”仪式

鄂伦春人认为“透欧布如坎”（火神）是自然界的一大神灵，在每年的除夕之夜和正月初一早晨，先要向火塘跪拜磕头后才能给家中长辈磕头拜年。去别人家拜年时，进屋也要先向火塘跪拜。用餐时，要先向火塘里扔些肉、饭等食物，以示供奉。对火神的崇敬，还表现在禁止向火上倒水、用刀叉火，也不能烧迸火星的木柴，防止触怒火神。每到喜庆佳节夜幕降临，鄂伦春人都要燃起篝火，唱歌跳舞，直到深夜为止。

古伦木沓节

“古伦木沓”为鄂伦春语，意为祭祀火神。古伦木沓节由祭祀火神的仪式演变而来。自古以来，鄂伦春人每到年节或吉日，家家户户都要在自家门前燃起篝火，并焚香跪拜祷告，以求火神保佑平安；

饭前还要向火塘洒酒抛肉，以示供奉。长此以往，形成了一种世代传承的民间习俗。

2006年5月，“古伦木沓节”入选第一批国家级非物质文化遗产名录。

鄂伦春族古伦木沓节活动习惯在每年的春季举行，届时人们带着好酒好肉及帐篷等物，举家骑马到预定地点参加活动。节日期间，活动内容丰富多彩。夜间在篝火周围请萨满跳舞，祭神祭祖；白天则举行赛马、射箭、射击、摔跤及唱歌、跳舞、讲故事、下棋、玩木牌等文体活动。古伦木沓节并非是单一的祭神祭祖日，同时还蕴蓄着丰富的文化内涵。

篝火节

在“莫昆”大会和宗教跳神活动都已淡出生活的今天，1991年，鄂伦春自治旗根据鄂伦春族的传统和群众的意愿，将每年的6月18日定为“篝火节”。从此，每年的这一天，各地的鄂伦春人和当地的各族同胞，相聚在嘎仙洞前或诺敏河畔，欢庆鄂伦春人这一盛大的民族节日。

“篝火节”活动分为开幕式、鄂伦春族传统体育比赛和篝火娱

苏浩摄

乐晚会三部分。体育比赛竞争激烈，有赛马、射击、射箭、摔跤、拉钩、扳腕、颈力绳赛、划桦皮船赛和采集，在摇篮里包裹孩子等内容。

到2012年，鄂伦春自治旗的篝火节已经举办20届了。

开幕式

上午9时，“穆昆达”（族长）在剽悍的猎手拥簇下走上祭坛，手持桦皮碗，以柳蒿枝洒酒祭祀天、地，颂唱祭文（鄂伦春语）。鄂伦春族男女老幼虔诚地朝向祭坛，左手持桦皮碗、右手拿柳蒿枝毕恭毕敬地跟“穆昆达”一道洒酒祭天，颂唱祭文，场面庄严肃穆。

祭文（鄂伦春语）大意是：

尊贵的火神啊，你是我们鄂伦春人至高无上的守护神，是你给了我们赖以生存的温暖、光明和生命。今天，我们各流域的所有成员和他们的贵客及宾朋，都怀着真挚的敬意虔诚地集聚在你的身旁。等到月亮升起的时候，我们再举行隆重的生火仪式，请你屈尊稍候。

随后，“穆昆达”敲“神鼓”，十几位青年吹起鹿哨，众人洒酒祭火。

接下来，鄂伦春各流域部落族人，支好“斜仁柱”安顿下来，支起锅灶，生火煮肉。

传统体育比赛

每个流域还推选能歌善舞、心智矫健的族人参加篝火节的对歌会、故事会和体育竞技比赛。所有的比赛极富有观赏性。比赛期间，乌兰牧骑还表演具有民族特色的文艺节目。

在篝火节的会场，各流域的鄂伦春妇女还会拿出精美的狍皮和桦树皮手工艺品，像赶集一样，向客人和族人展示自己精湛的手艺。整个活动场面庄严而又祥和，一直持续到傍晚。

篝火娱乐晚会

天刚黑下来的时候（约八点左右），隆重的生火仪式开始了。这时萨满代言人燃起火把，按民族礼仪拜颂祝词（鄂伦春语），颂词大意是：

啊，我们知道了，天上仁慈的各路神灵，像地上各方的贵客宾朋一样，都来参加我们鄂伦春民族的篝火节了。在这让人开心的日子和最庄重肃穆的时刻，我受神的旨意，把这象征幸福、吉祥的火种，交给德高望重、至尊至爱、大富大贵的人物手中，祈求火神和各路万能的神灵，保佑天下所有的人像青山一样健壮，像流水一样兴旺。啊，吉日良辰来到了，赶快点起熊熊篝火吧！让神圣的篝火像展翅的金色凤凰一样，起舞欢唱吧。

然后，萨满代言人用手中的火把，点燃贵宾及德高望重的老人手中的火把，最后将手中火把交给族长，然后由手持火把的人分别将摆放好的三大堆篝火点燃。

当篝火渐渐燃起后，三五成群的鄂伦春人或悬斧祈祷，或烤骨占卜，或用烟袋装灰等形式祭火。

篝火很快就越烧越旺，（大约20分钟）族长高喊：唱起来啊跳起来啊！按捺很久的鄂伦春姑娘小伙立即携起手来围起篝火跳起篝火舞，他们边舞边唱，随着来宾舞者的加入，跳舞者围的圈子越来越大，有时还围成两圈。歌声也是此起彼伏，一直持续到天亮。

在鄂伦春自治旗，篝火节已经成为加强民族团结、增强鄂伦春民族凝聚力、展现新时代鄂伦春族风采的盛会。

苏浩　摄

今日鄂伦春——奋力追赶着时代

JINRI ELUNCHUN——FENLI ZHUIGANZHE SHIDAI

实现民族区域自治

1951年10月1日在内蒙古自治区境内的鄂伦春族聚居地区成立了鄂伦春自治旗和民族乡。人民政府在领导鄂伦春族人民进行必要的社会改革的同时，为了改变他们漂泊不定的游猎生活，促进鄂伦春族的全面发展，广泛宣传定居的好处，并组织他们到城市里参观，让他们亲眼看到定居的优越性。

白兰提供

在鄂伦春族聚居的内蒙古自治区和黑龙江省的相关旗县、乡镇各级人民代表大会中都有鄂伦春族代表，在人大常委会、政协中都有鄂伦春族委员。全国人民代表大会和政协中也有鄂伦春族代表和委员，充分体现了鄂伦春族参政议政的权利。先后当选全国人大代表、担任全国政协委员的鄂伦春人有30多人，先后当选内蒙古自治区人大代表、黑龙江省人大代表和担任自治区政协委员、省政协委员的近100人。

进入社会主义

定居是鄂伦春族进入社会主义社会的重要标志。在定居的各项条件成熟以后，自1953年至1958年用6年的时间完成了鄂伦春族的定居工作。同时，人民政府还积极帮助鄂伦春猎民发展狩猎生产和改善生活，建立供销合作社，供应生产生活用品，以合理的价格收购猎产品。鄂伦春自治旗和各民族乡成立后，人民政府为了帮助鄂伦春族人民发展经济文化，使鄂伦春族迅速地赶上先进民族的发展水平，根据鄂伦春族新中国成立前仍保存有比较浓厚的原始公有制方式，尚未形成阶级社会的情况，没有在鄂伦春族地区进行与其它东北地区方式相同的民主改革，而是按照鄂伦春族过去集体狩猎的习惯，通过走合作化的道路，完成了必要的社会改革。

定居以后，人民政府贯彻执行“护养猎并举，发展多种经济”的经济发展方针，从而使鄂伦春族的猎业、农业、牧业、副业得到全面发展，由单一狩猎逐渐转变为继续发展养马业，还饲养牛、猪、鸡、鸭等家畜家禽，同时饲养一部分野生动物。饲养野生动物主要是将野生的马鹿捕捉后进行饲养，这是猎业生产上的一项重要改革和进步。定居后，农业有很大的发展。首先，各家在定居点的住宅旁的园地上开垦菜园种植了蔬菜，还以生产队的集体方式，种植了大田小麦，这些大大丰富和改变了鄂伦春人的食物来源。

鄂伦春族在开发建设兴安岭方面也做了许多艰苦的工作。在开发兴安岭之初，森林、铁路勘察设计人员和大批工人，要进山工作，当时没有可以通行汽车的公路，有些羊肠小路也是时断时续。茫茫林海，方向难辨。而鄂伦春人是这里的主人，熟悉山川地形，老猎人做向导主动用猎马驮子帮驮运仪器和粮食。人民政府还向鄂伦春猎民进行护林防火教育，组织他们成立护林防火队，在防火季节日夜巡逻在林海中。一旦发生火情，这些熟悉大、小兴安岭的鄂伦春族猎人，第一时间发现起火地点后，在组织灭火的同时，迅速派人去向有关方面报告，指出最佳的扑救路线，当时起到的作用是无人可比的。鄂伦春妇女和儿童也在入山的路口盘查行人，阻止他们带火入山。鄂伦春人在护林防火方面做出了卓越的贡献。

培养民族干部

培养民族干部，是贯彻民族区域自治政策、发展民族地区各项事业的关键。新中国成立之初，中国共产党派出一批又一批的干部到鄂伦春族地区工作，除了进行民主建政工作，对民族上层人士也作了适当的安排。半个多世纪，培养了一大批鄂伦春族干部。目前，全国鄂伦春族有省级1人，厅级3人，处级约30人，科级约100人。这些干部大多都受过大学、大专或中专教育，都是本系统、本单位的骨干力量。

鄂伦春自治旗成立后，鄂伦春族干部白斯古郎、贵德布、耐热尔图、何其英贵、孟庆海、吴海山、舍勒巴图、赛革、孟松林等都担任过该旗旗长。舍勒巴图于1993年在内蒙古自治区八届人大一次会议上当选为人大常委会副主任，并且被选举连任两届。

一位猎民出身的鄂伦春自治旗旗长贵德布。

白兰提供

贵德布(1905～1974)生于清光绪三十一年(1905年)，初小文化，鄂伦春族领袖人物之一，多布库尔河流域鄂伦春人。幼时随父狩猎，练就一身能骑善射的本领。日本侵占东北地区后，他于1935~1945年任齐齐岭（鄂伦春旗境内）日本特务机关小队长。日本投降后，一度受地主和反动分子的欺骗，组织“民族自卫团”并任团长。1947年，鄂伦春人在巴彦旗举行会议商讨未来去向，此时，中国共产党的政策已广为宣传，引起了头领人物的重视。于是，会议决定派贵德布等人与对方接触。1948年初，他与“民族自卫团”脱离关系，参加了革命工作，先后任大杨树甘奎努图克副努图克达、鄂伦春旗副旗长、旗长、旗政协副主席，当选为呼伦贝尔盟政协委员、内蒙古第二、第三届人民代表大会代表，自治区人民委员会委员。

担任旗长期间，他很少坐在办公室，经常为检查护林防火工作而奔波于各猎乡和大山森林之间，深得上级领导好评，干部和群众都说：“贵旗长热情，好接近，好办事。”在工作中，他赢得了各族群众的信任，特别是在鄂伦春族群众中有很高的威望。贵德布重视护林防火事业，自治旗成立防火指挥部后，他任第一护林队队长，经常到4个生产队检查防火工作，一年最少两次。在政治生活中，他是位开明的民族人士。由于长年狩猎，养成了他粗犷、刚直、坦诚的性格。他团结群众，遵守组织纪律，忠实地贯彻党的民族政策，是一名优秀的民族干部。

第一个见到毛主席的鄂伦春人。

葛德鸿曾是全国政协委员，也曾是黑龙江省和内蒙古自治区的政协委员，也曾担任过鄂伦春自治旗副旗长，自治旗政协主席，呼伦贝尔盟政协副主席，还担任过黑龙江省大兴安岭地区防火指挥部副总指挥。

1950年月10月1日，葛德鸿作为国庆观礼团的代表之一，见到了毛泽东主席、朱德委员长、周恩来总理，以及刘少奇副主席等党和国家领导人。他那天穿着狍皮长袍，头戴狍头角帽，足蹬犴皮靴，激动地等待着领袖们。当毛主席的手握住葛德鸿的手时，他只用鄂伦春语说了一句“你好”，莫大的幸福使他把许多要说的话都忘记了。

74岁时说起见到毛主席的情景他还是十分激动，也后悔自己和主席说得太少了。他清楚地记得毛主席等人当时穿什么衣服，还牢牢记住了工作人员给介绍的情况，以及毛主席等人的年龄。当时毛主席还送了绸缎给他们。后来他每到北京参加政协会议时，邓颖超同志总要会见他一次，关心他，也关心鄂伦春人民的生产、生活。葛德鸿常说：“幸福生活来之不易，每个人要像珍惜生命一样珍惜生活。要听党的话，要永远跟着党。”72岁时他终于成为一名光荣的中国共产党党员，他兴奋地给许多人写信报告了这一好消息。

葛德鸿一生把见到毛主席的事儿当做自己的荣誉，当做激励自己鞭策自己的动力。

鄂伦春自治旗第一任旗长白斯古郎。

1936年，曾经因为听不懂汉语，白斯古郎上学不到一年就辍学了，后来在家人的强迫下，就读于扎兰屯师道学校，并当上教员。1947年东北解放，白斯古郎到人民解放军甘南嫩江军区军政干部学校学习，1948年加入中国共产党，成为鄂伦春族第一位中共党员。1948年2月，白斯古郎任巴彦旗旗长，主要做鄂伦春族定居工作，他召集了甘河、奎勒河、多布库尔河流域的鄂伦春族代表举行会议，后来受命与因不了解情况而参加“民族自卫团”的鄂伦春人谈判，最后，鄂伦春人民接受了共产党的领导，并且开始定居。1951年，鄂伦春旗成立，白斯古郎当选为旗长。

民族乡情况[1]

黑龙江省塔河县十八站鄂伦春民族乡

十八站，因清光绪年间自墨尔根（嫩江）至漠河建三十个驿站中的第十八个驿站而得名。

---

[1] 黑龙江省鄂伦春族民族乡情况有些来自网络资料。

1953年9月，十八站鄂伦春族实现定居，1956年1月成立十八站鄂伦春民族乡政府。

全乡1981户，有10个民族，4697人。其中鄂伦春族197户，546人，占全乡人口的11%，姓氏多以孟、葛、戈、魏、吴、关等为主。汉族3724人为主要居民。

鄂伦春民族手工艺品如用桦树皮制作的烟盒、画等非常精致，具有浓郁的民族特色，有的已经出口创汇，十八站鄂伦春民族乡现已开辟为民俗风情游览点。

黑龙江省呼玛县白银纳鄂伦春民族乡

1984年8月1日，经省政府批准，在白银纳建立白银纳鄂伦春民族乡，乡政府所在地为鄂伦春族聚居村白银纳村。白银纳鄂伦春民族乡辖6个行政村，总面积419.5平方公里，全乡总人口2168人，鄂伦春族人口374人。

作为民族乡，白银纳乡在民族文化保护传承方面取得了一定的成绩，2006年，白银纳乡成立鄂伦春族民间艺术团，以“从远古走来”为主题的民族服饰展演，在2010年9月参加了第八届中国民间艺术节及第九届大同云冈文化艺术节，并进京参加了国际性展会的演出活动。

目前正在建设鄂伦春族民俗新村项目，项目规划占地面积30公顷，计划总投资6563万元。

黑龙江省黑河市新生鄂伦春民族乡

新生鄂伦春民族乡的猎民1953年完成定居，当时确定了“以猎业为主，农业为辅”的产业方针。1963年建了养鹿场，现在没有了，许多家庭除了养马外，还养有鸡、牛等。

由于定居，由于转向农业生产，由于族际婚增加（占新生村总户数的71%），由于自然环境变化而狩猎活动减少等，鄂伦春族传统文化失去传承条件。

鉴于此，2010年黑龙江省命名新生鄂伦春民族乡为民族文化生态保护区。

黑龙江逊克县新鄂鄂伦春民族乡

新鄂鄂伦春民族乡鄂伦春族1953年开始定居，择地建村，命名新鄂。1956年建鄂伦春民族乡。有鄂伦春、满、蒙古、达斡尔、朝鲜、回、汉等7个民族聚居，鄂伦春族共79户，290人，鄂伦春族中，男159人，女131人，占全乡总人口的22.7%。他们聚居在新鄂鄂伦春族村，占该村总人口的50%多。

新鄂鄂伦春民族乡建乡初期就开始农业生产，以小麦为主，兼种大豆。

逊克县的鄂伦春人在清代文献中被称为“毕拉尔”，这部分鄂伦春民族文化很有区域特色，叙事民歌和说唱艺术十分独特，“摩苏昆”是典型代表。20世纪60年代初，该县新鄂乡新鄂村猎民歌手莫桂英参加全国少数民族歌手大赛时，受到了毛泽东、刘少奇、周恩来等党和国家领导人的亲切接见，两次去苏联演出时演唱的四首鄂伦春民歌深受苏联人民的欢迎，被誉为兴安岭的“云雀”；80年代，新鄂村莫宝凤的“摩苏昆”填补了鄂伦春族没有史诗的民间艺术内容，2008年，她作为民间说唱艺术家，被列为国家级非物质文化遗产项目传承人；鄂伦春族画家陈金来的桦皮画，参加内地和香港大赛多次荣获大奖；莫宝凤、德淑兰、莫代荣被中国民族博物馆聘为民族民间工艺师，作品被中国民族博物馆收藏，她们的兽皮、桦树皮制作工艺精湛、传统。新鄂乡文化站收集整理的民间舞蹈“追鹿舞”、“罕贝舞”、“萨满舞”极具特色，多姿多彩地反映了鄂伦春民族生产、生活、狩猎文化的内容。

黑龙江省逊克县新兴鄂伦春民族乡

逊克县新兴鄂伦春民族乡总面积为389平方公里，聚居着鄂伦春、满、达斡尔、朝鲜、汉等7个民族，共286户，总人口1036人。其中：鄂伦春族49户，169人，占全乡总人口的15.9%。鄂伦春族中，男85人，女84人，他们分别聚居在新兴村和新建村。

1953年新兴鄂伦春民族乡鄂伦春族定居建村，最初一部分鄂伦春人于都尔滨河畔建立新兴村（现在的新建村），1956年改建为新兴民族乡。

南木鄂伦春民族乡

南市鄂伦春民族乡位于扎兰屯市西北部，总面积为1580平方公里。全乡总人口8909人，其中，乡属总人口4480人，鄂伦春族人口84人，其他少数民族1455人，汉族居多数，还有蒙古族、回族、满族、达斡尔族、朝鲜族、鄂温克族、锡伯族等少数民族。

纵观历史沿革，20世纪初，生活在格尼河上游毕拉河流域的鄂伦春族一个部落约60户、260人，为谋生存和拓展新猎区，逐渐移动到绰尔河、济沁河、阿市牛河流域，即大兴安岭东麓浅山区游猎，使这一带原始森林开始有了人烟。1948年东北解放后，党和政府帮助这部分鄂伦春人下山定居，在阿市牛河畔建立了努图克。1949年又动员他们与达斡尔人一道迁至交通便利的滨洲铁路455公里处定居，1950年这里正式建站，取名南市站。1956年撤销努图克，设立南市鄂伦春民族乡人民政府。

2000年南市乡弃猎从农从牧，分得耕地7500余亩，结束了狩猎生活，走上了种田养畜、农牧结合的发展道路。虽然他们已经放下了猎枪从事了农业及其它行业，但是他们在历史上所创造的狩猎文化，

猎民村的孩子们　白兰提供

有着非常重要的人文科学价值，2009年12月9日鄂伦春民俗博物馆开馆，投入350万元建造的南市鄂伦春民俗博物馆将成为展示鄂伦春民族历史文化的窗口。

伊春市嘉荫县胜利村

胜利村位于小兴安岭东麓，嘉荫县南部，隶属嘉荫县乌拉嘎镇管辖，现有鄂伦春族住户38户，总人口137人。

这部分鄂伦春人主要是清代的毕拉尔人和奇勒人后裔，游猎在汤旺河、嘉荫河、结烈河、乌拉嘎河一带，于1953年定居于乌拉嘎金矿所在地团结沟，命名为“胜利村”。

随着森林的开发，野生动物越来越少，为了保护资源，保护环境，村民们积极响应党和政府的号召，放下猎枪，耕田种地。

鄂伦春自治旗

鄂伦春自治旗位于呼伦贝尔市东北部，大兴安岭南麓，嫩江西岸，东经121° 55′ ~126° 10′ ，北纬48° 50′ ~51° 25′ 之间。北与黑龙江省呼玛县以伊勒呼里山为界，东与黑龙江省嫩江县隔江相望，南与莫力达瓦达斡尔族自治旗、阿荣旗接壤，西与根河市、牙克石市为邻。

全旗总面积59800平方公里，是内蒙古自治区呼伦贝尔市面积最大的旗（市）。境内居住着鄂伦春、蒙古、达斡尔、鄂温克、汉、回、满、朝鲜等21个民族，总人口约30万人，其中鄂伦春族2050人，占总人口的0.7%，其中猎民830人。自治旗下辖6镇1乡，82个行政村，其中有4个猎区乡镇，7个猎民村。境内还驻有内蒙古大兴安岭林管局所属的6个林业局和大兴安岭农场局及所属6个国营农场、黑龙江省大兴安岭农工商联合公司、大兴安岭面粉厂等企业。在自治旗境内还设有黑龙江省大兴安岭地委、行署、林管局和加格达奇、松岭两区，加松两地（面积为18910平方公里）占自治旗面积的1/3。

鄂伦春自治旗境内鄂伦春人的分布情况：

过去阿里路、多布库尔路的鄂伦春人，游猎于奎勒河及其支流库都奇、小奎勒河、沃勒河、查巴奇等处者，定居在乌鲁布铁；游猎于多布库尔河及其支流翠风、大杨气、小杨气、十八站以西等地者，定居在朝阳；甘河及其支流克一河、吉文河、英阿河以南、莫力格、奇格拉尼等地者，定居在讷尔克气，后因铁路占用该地而迁往乌鲁布铁。

过去托河路的鄂伦春族，游猎于大兴安岭东西两麓，西有根河、海拉尔河、扎敦河、库鲁都尔河、乌尔旗汉河；东有诺敏河、讷门河、托河。新中国成立后逐渐集中于（大兴安岭）岭东，诺敏河流域的鄂伦春人定居在龙头；讷门河和托河流域的鄂伦春人定居在木奎。新中国成立前有一小部分鄂伦春人与达斡尔人有些接触，有几户在小二沟盖房子，房前房后的园子里种植一些豆角、土豆、白菜，这部分鄂伦春人仍定居在那里。

游猎于古里河流域的鄂伦春人，从民国时期起逐渐迁到鄂伦春自治旗境内。这部分人定居在多布库尔河西岸，虽然定居点称古里，但实际上他们已离开了古里河，把古里的名字带过来而已。

建旗之初，鄂伦春自治旗59800平方公里的土地处于沉睡中，只有鄂伦春族猎民的“乌力楞”在浩瀚林海中若隐若现。1956年，党和政府制定了“以猎为主，通过定居，逐步开展多种经营”的生产方针。当时全旗有耕地1725亩，播种154亩，当年粮豆薯产量为6.4万斤，单产51.4斤。至此，鄂伦春自治旗的农业有了开端。截止2008年，全旗农作物播种面积280多万亩，其中粮食作物达到276.3万亩。旗委、政府提出发展“高产、优质、高效、生态、安全”的现代农业，加强大豆、马铃薯、食用菌、肉源基地建设。

建旗之初，全旗人口仅有778人，其中鄂伦春族774人，达斡尔族3人，鄂温克族1人。现在全旗人口达28万左右。

20世纪50年代，鄂伦春族猎民是单一的狩猎生产，生活极其艰辛，几乎没有生产性收入。1958年猎民人均收入89元，现在，猎民人均收入达7720元。当时，鄂伦春族猎民生活仍然保持传统，文教卫生事业刚刚开始，由于很少与外界接触，鄂伦春猎民的体质缺少对病菌传染的免疫能力，猎民人口出现下降趋势。现在，鄂伦春猎民聚居区建了新村、卫生院等，猎区面貌发生了很大的变化。

民族文化传承保护方面，鄂伦春自治旗编录了《鄂伦春语释译》；大型歌舞剧《勇敢的鄂伦春》参加了自治区草原文化节的调演；拍摄完成了《鄂伦春口述史》、《过去的年代》、《告别的年代》、《北方北》等大量珍贵的影像数据和专题片；改建鄂伦春民族博物馆；2008年，在内蒙古自治区第四批全区民间文化艺术之乡命名工作中，鄂伦春旗被命名为“鄂伦春狩猎文化之乡”。这是继鄂伦春族桦皮制作技艺被列入国家级非物质文化遗产，鄂伦春兽皮制作技艺和鄂伦春赞达仁被列入自治区级非物质文化遗产之后荣获的又一殊荣。如今的篝火节、森林文化节已经成为与前沿思想观念撞击、全国客商云集、各类商机汇聚的舞台，成为国际国内知名度颇高的文化品牌。

鄂伦春自治旗成立始末纪实[1]

1945年8月，抗日战争胜利后，在中国两种不同前途和命运的大决战时刻，国民党组建地主联军。为了在山林里得到落脚、隐蔽和扩充其势力，他们蒙蔽欺骗拉拢不知山外局势的鄂伦春人，来反对共产党和八路军。鄂伦春人一时被地主联军所利用，当醒悟到是上当受骗后，他们离开地主联军返回各自的部落。

两次鄂伦春民族代表座谈会

第一次座谈会

为了认真贯彻党的民族政策，实现鄂伦春民族统一自治，保护好大兴安岭森林资源，1951年1月11~12日，中共呼纳盟地委在海拉尔召

[1] 中国网 china.com.cn，2009-02-10，鄂伦春自治旗政务网提供。

开了各旗鄂伦春努图克鄂伦春民族代表座谈会，出席座谈会的鄂伦春族代表有22人。

当时呼纳盟境内的鄂伦春民族分别归属三个旗管辖，莫力达瓦旗管辖甘奎和诺敏两个努图克，喜桂图旗管辖托扎敏地区，布特哈旗管辖南木鄂伦春努图克。

座谈会上代表们提出三项要求：

第一、要求建立统一的鄂伦春人民政府，并希望派干部领导与帮助鄂伦春人民工作；第二、要求坏枪更换好枪和解决子弹；第三、要求解决猎获物品销路与供应鄂伦春人民的必需品。

根据鄂伦春人民的要求与实际需要，会议研究确定如下：

第一、同意成立鄂伦春人民政府，但要报请内蒙古自治区人民政府和中央人民政府批准；第二、枪支、子弹问题调查统计数字上报，由公安处掌握解决；第三、加强卫生医疗，训练卫生人员，派医生种痘、医疗，减少疾病；第四、加强与巩固供销工作，解决猎民产品销路和必需品供应问题；第五、加强学校教育，扩大学生人数争取学龄儿童入学；第六、加强护林防火工作，建立防火组织，确定18~45岁人均为防火队员。

今后须更加注意鄂伦春民族的工作，派适于鄂伦春工作的干部去领导帮助鄂伦春民族的工作。

根据座谈会上代表们提出的要求，呼纳盟人民政府向内蒙古自治区人民政府呈请成立鄂伦春旗人民政府的报告。内蒙古自治区人民政府报请中央人民政府政务院，中央人民政府政务院于1951年4月7日批复同意在内蒙古自治区呼纳盟境内成立鄂伦春旗人民政府。内蒙古自治区人民政府于1951年6月1日任命白斯古郎为鄂伦春旗政府旗长。

第二次座谈会

中央人民政府政务院批准成立鄂伦春旗政府文件下达，内蒙古自治区人民政府任命白斯古郎为鄂伦春旗政府旗长后，1951年7月16~18日，呼纳盟政府在海拉尔召开了第二次鄂伦春民族代表座谈会。这次出席座谈会的鄂伦春族代表19人。

白兰提供

当时，为新成立的鄂伦春旗划出了莫力达瓦旗的甘奎和诺敏两个努图克，喜桂图旗的托扎敏地区合为鄂伦春旗；南市鄂伦春努图克与该领域不连片，所以仍归布特哈旗管辖，没有参加这次座谈会。

座谈会首先传达了中央人民政府政务院批准成立鄂伦春旗政府的决定和内蒙古自治区人民政府任命白斯古郎为鄂伦春旗政府旗长的任命书。

此次座谈会主要商讨了以下几个问题：

第一、政府所在地设在何处；第二、政府下面设什么行政单位；第三、旗政府成立庆典日期、参加人数和建旗筹备等项工作；第四、研究确定旗政府成立后抓的主要工作。

座谈会争论最激烈的问题是旗政府所在地设在何处。

座谈会商定旗下面分设四个努图克，即甘奎、托扎敏、诺敏、多布库尔四个努图克（建旗时多布库尔没单设努图克，纳入甘奎努图克的一个高鲁）。努图克下面按着各部落所游猎的河流称为某某高鲁（河流）。

庆祝旗政府成立典礼日期定于阴历十月初一（10月31日）举行，预定参加人数为120至150人。

鄂伦春旗成立大会

《内蒙古日报》这样报导：深秋的大兴安岭一片金黄，蜿蜒的诺敏河刚穿过石头门子峡谷，就流进了宽敞的河谷平原——“白雅尔·扣乌热”（当时，此地的地名为小二沟，意为“富饶的河谷平原”），紧靠河谷平原北端的河湾处，新建了几栋土木结构草房，这就是即将成立的鄂伦春旗政府所在地。连日来各河流域的鄂伦春猎民，一队队陆续来到这里参加鄂伦春旗成立典礼，有的猎户全家都来了，还有数名猎民妇女骑着猎马，背挎婴儿摇篮前来参加大会。猎民们按着自己的生活习惯，在旗政府周围搭起了一撮撮“斜仁柱”安营扎寨，夜晚猎民们围着一堆堆篝火畅谈着自己喜庆日子来临。驻在莫旗尼尔基的鄂伦春小学校全体学生也来到小二沟参加大会，赴会的猎民看到他们的孩子，穿着整齐的学生制服，个个活泼健康都很高兴。参加庆祝大会的各部落猎民有160多人，学生60多人，旗干部职工20多人，外地来宾20多人，建筑工人40多人，参加大会的约有300人，白天人欢马跃，夜晚篝火灿烂，沉醉于一片欢乐的景象之中。

1951年10月31日（阴历十月初一）上午，鄂伦春旗成立庆祝典礼大会在庄严的国歌声中正式开幕。首先公布了中央人民政府政务院批准成立鄂伦春旗政府的决定，内蒙古自治区人民政府任命白斯古郎为鄂伦春旗政府旗长的任命书。接着宣读了上级政府及各地发来的贺信贺电，呼纳盟政府代表上级政府讲话，白斯古郎旗长做了鄂伦春旗成立筹备经过及建旗后几项主要工作的报告。他说：“没有共产党、毛主席、新中国，就没有鄂伦春民族的今天，今后要以做好护林防火的实际行动来报答共产党、毛主席的恩情。我们过去受历代统治阶级的分割统治，互相歧视，不团结，闹隔阂，今天有了自己统一的旗政府，要加强各地区河流之间团结合作，紧密团结在旗政府周围，把自己的事情办好。”接着，各地来宾祝贺讲话，鄂伦春族猎民代表讲话。猎民代表在大会上给毛主席赠送了制作精致的皮褥子、皮手套、狞爪靴子、狍皮书包、锦旗等礼物；给中央人民政府赠送了鄂伦春人心中最珍贵的礼物一只小狍仔。最后通过了给中央人民政府的致敬电。为了表达没有新中国就没有鄂伦春旗，将鄂伦春旗成立的日期从阴历十月初一改定为阳历10月1日，每年要与国庆节同庆建旗纪念日。

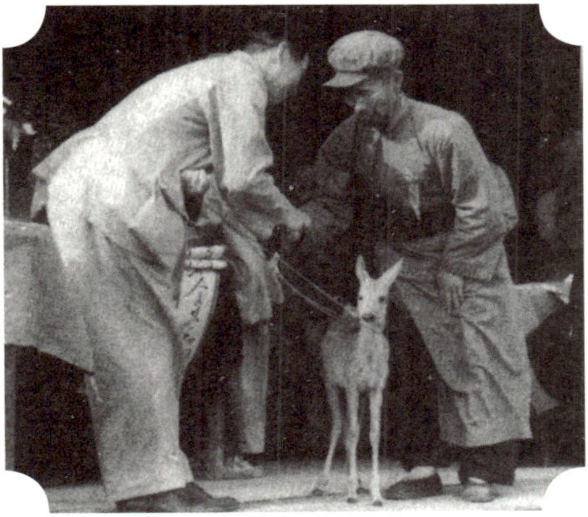

白兰提供

夜晚按着鄂伦春民族传统娱乐活动形式，举行了篝火联欢晚会，参加大会的鄂伦春族猎民们与各地来宾及建筑工人们围着一堆堆篝火，烧烤野味、酌举美酒，边吃边喝、边唱边跳，欢庆鄂伦春民族的团结统一当家作主人，欢庆党和国家的民族政策光辉照耀大兴安岭山山水水。篝火晚会一直狂欢到午夜，猎民们都开怀畅饮，多数已喝得酩酊大醉，但由于庆祝自己的喜庆日子再醉也没发生任何意外事故。

11月1日，与会的猎民以各努图克、高鲁为单位，深入讨论了白斯古郎旗长关于旗成立后几项工作任务的报告。猎民一致认为第一要搞好狩猎生产，特别是冬季狩猎旺季多猎取各种细毛皮张，交售给供销社，增加收入，改善生活。第二要做好护林防火、保护好森林资源、报答党和国家的关怀。第三讲究卫生，改变不卫生的陋习，增加人口。第四多叫适龄儿童入学读书，提高文化知识，造就各种人才。

在深入讨论基础上制订通过了爱国公约四条：

第一、拥护毛主席，拥护乌兰夫主席，拥护内蒙古自治区人民政府；第二、坚决反对美国侵略行为，努力打猎，增加收入，贡献飞机大炮，支持中国人民志愿军；第三、紧密团结在旗政府周围，提高警惕，注意坏人，作好防火护林工作，使国家森林不受损失；第四、学习文化，搞好清洁卫生，增加人口。

下午鄂伦春小学的学生为大会进行了唱歌、跳舞、体操等文娱体表演，深受猎民群众欢迎，猎民们看到自己的孩子们能唱会跳非常喜悦，猎民们进一步认识到学习文化知识的好处和重要性。经过大会报告和讨论，个别宣传及学生们的演出节目感动了大家，当即有一名青少年报名进鄂伦春小学校学习。

11月2日，召开了旗政府、努图克、高鲁三级干部会议，旗、努图克、高鲁三级干部会议明确划分了防火责任区的界线，研究讨论了互相配合、报告、登记制度，互相交流了防火办法和经验。研究了强加供销社工作，宣传动员猎民群众提高文化素质。还研究确定旗与努图克，努力克与高鲁的联系制度，旗、努图克都要配备专职交通员定期上下互相联系。

下午召开大会进行总结，庆祝大会宣布结束。

鄂伦春旗成立当时，全旗鄂伦春族人口仅有774人，旗总面积为59800平方公里，全部是山林地区，旗管辖三个努图克，七个高鲁，一个猎民村。旗的版图包括大兴安岭南麓嫩江源头的南瓮河开始向南延伸跨罕诺河。那都里河、古里河、多布库尔河、甘河、奎勒河是甘奎努图克四个高鲁的游猎区。毕拉河、扎文河、卧罗河是诺敏努图克猎民村的游猎区。旗境内有小二沟、大杨树两处村落的居民点，其他广阔地域内没有任何屯落。猎民们都在各自的河流过着游猎生活。

庆祝大会结束后下了一场大雪，一夜之间整个山野披上了银装，猎民们喜出望外，刚刚庆祝完自己当家作主的喜庆日子，又降下初冬的瑞雪，迎来了又一个冬天的狩猎旺季。一队队猎民喜气洋洋，跨马扬鞭，踏破初雪奔回各自的游猎地区，抓住初雪的大好时机猎取更多的野物，改善和提高自己的生活。

延伸阅读

鄂伦春旗境内的鄂伦春语地名

吉文　河名、镇名。地处吉文河与甘河交汇的山间平原地带。吉文为鄂伦春语，一种河边野蒿名，鄂伦春人用以晒木耳、肉干、野菜等。镇以河得名。

甘河　河名、镇名。在阿里河镇西50多公里。甘河纵贯镇区南部。甘河为鄂伦春语，河流湍急之意。镇以河得名。

大杨树　镇名。地处大兴安岭东南麓低山丘陵地带。大杨树为汉语。早年，在甘河北岸的冲积平原上生长着六棵大杨树。商人以此为通商地点的标记，放木排的人作为停木排的地方。大杨树由此得名，顺延至今。

阿里河　河名、镇名。旗人民政府驻地。在自治旗北部阿里与甘河交汇处。阿里河为鄂伦春语，磷火之意。阿里河北依伊勒呼里山，南临甘河，水流湍急，纵贯镇区东部。夏季无风夜常有沼气自燃现象。

白兰提供

白兰提供

克一河　河名、镇名。四面环山，克一河流经镇区南。克一河为鄂伦春语，紧靠山弯流的河之意。镇以河得名。

乌鲁布铁　镇名。地处大兴安岭东麓低山丘陵区。境内森林茂密，沟谷纵横，山地丘陵平原错落其间。甘河、奎勒河流经境内，甘奎以两河得名。乌鲁布铁为鄂伦春语，孤山之意。乌鲁布铁是鄂伦春人定居地区。

西日特奇　托扎敏乡政府驻地。地处大兴安岭北段，自然资源丰富。托扎敏意为托河路的鄂伦春人。西日特奇，鄂伦春语，红柳之意。

小二沟　诺敏镇政府驻地。地处大兴安岭南坡低山地带。诺敏河自西向东流经镇区境内。镇以河得名。小二沟为鄂伦春语，小河流之意。四面环山，境内资源丰富。

斯木科　地处诺敏河南岸。斯木科为鄂伦春语，塔头沼泽地之意。

宜里　宜里镇政府驻地。位于查勒河南岸。地处低山丘陵向河谷平原过渡带。宜里为汉语。

古里　乡政府驻地。位于多布库尔西岸。古里为鄂伦春古代部落名称。

讷尔克气　位于讷尔克气河东岸。地处丘陵起伏、次生林带。讷尔克气为鄂伦春语，山之意。

加格达奇　黑龙江省大兴安岭地区行政公署驻地。版图为本旗。加格达奇为鄂伦春语。“生长樟子松的地方”。四面环山，有林海码头、林海明珠之称。

海尔堤　在小二沟南7公里。地处低山丘陵次生林分布地带。海尔提为鄂伦春语，榆树之意。

额尔肯　在小二沟南15公里，诺敏河西岸。境内丘陵起伏，土质肥沃。额尔肯为鄂伦春语，倒树根之意。

富饶　在大杨树西南25公里，地外丘陵缓坡，土质肥沃。1980年建村。居民均为汉族，以农为主。富饶为汉语。

毛家铺　在乌鲁布铁西北7公里，甘河东岸，地处河谷平原。早年一毛姓人家在此居住。居民均为汉族，以农为主，毛家铺有“鱼米之乡长”之称。

春亭阁　在乌鲁布铁东10公里，春亭阁河南岸。地势平坦，土质肥沃，宜农耕。居民均为汉族，以农为主。村以河得名。

朝阳　在乌鲁布铁西北15公里，甘河东岸。村沿铁路东西分布。1956年建村，为鄂伦春人定居的猎村。

乌尔其　在乌鲁布铁西北20公里，乌鲁奇河与甘河交汇处。地处河谷平原，土质肥沃，宜农宜牧。乌尔其为鄂伦春语，鱼多之意。

吉峰　在吉文镇西南35公里，吉文河西岸。吉峰为鄂伦春语，密林之意，境内多山，有石灰石矿藏。

索图罕　在克一河镇东18公里，索图罕河与克一河交汇处，索图罕为鄂伦春语，多水獭之意。

铁古牙　在吉文境内。鄂伦春语，做桦树皮器皿的地方。

布苏里　在吉文镇境内。鄂伦春语，多草的地方。

特勒　在克一河镇境内。鄂伦春语，树鸡多的地方。

温库吐　在诺敏镇镇内，鄂伦春语，三角山汇合口之意。

铁博格热奇　在诺敏镇境内。鄂伦春语，黑桦树之意。

西奇　在诺敏镇境内。鄂伦春语，树木多之意。

库勒　在诺敏境内。鄂伦春语，地下火之意。

哈牙斯德　在托扎敏乡境内。鄂伦春语，榆树岭之意。

红花尔基　在托扎敏乡境内。鄂伦春语，急流翻浪花的河道之意。

浪格古达　在托扎敏乡境内。鄂伦春语，山高柳多之意。

库尔滨　在甘河镇境内。鄂伦春语，急流的河之意。

齐奇岭　位于甘河北岸。齐奇岭为鄂伦春语，矗立的山峰之意。

白兰提供

后　记

《内蒙古旅游文化丛书》是一部专门展现内蒙古独特旅游资源，集趣味性与知识性为一体的大众化旅游读物。

时值该《丛书》出版之际，恰逢内蒙古自治区党委于2013年3月提出“8337”发展思路，要把内蒙古建设成为“体现草原文化、独具北疆特色的旅游观光、休闲度假基地”。为更好地体现这一重要的发展思路，同时满足更多旅游者和广大读者的需要，2013年初，经内蒙古人民出版社提议，决定重新编撰出版《内蒙古旅游文化丛书》，为内蒙古打造“体现草原文化、独具北疆特色的旅游观光、休闲度假基地”尽绵薄之力。

此次出版的《内蒙古旅游文化丛书》由《内蒙古古塔》、《内蒙古古城》、《内蒙古寺庙》、《内蒙古清真寺》、《内蒙古自然奇观》、《蒙古包文化》、《蒙古族服饰》、《蒙古族民俗风情》、《蒙古族饮食文化》、《春天里盛开的映山红——达斡尔族风情》、《天边那绚丽的彩虹——鄂温克族风情》、《高高的兴安岭——鄂伦春族风情》、《内蒙古考古大发现》组成。此次出版，对2003年9月出版的《内蒙古旅游文化丛书》进行了调整，将原《来自森林草原的人们——达斡尔、鄂温克、鄂伦春族风情》，一分为三：《达斡尔族风情》、《鄂温克族风情》、《鄂伦春族风情》，同时，除整合《丛书》初版时的个别分册之外，还增加了《内蒙古考古大发现》一册作为《丛书》之一种。同时，每种图书，增加了大量的彩色照片。即将出版的《内蒙古旅游文化丛书》共计13册，170余万字。

经过《丛书》全体新老作者近一年的不懈努力，《内蒙古旅游文化丛书》的编撰工作已圆满完成，并再次得到内蒙古自治区宗教局等有关部门、单位的大力支持。在《丛书》付梓之际，我谨对付出辛劳的各位作者表示衷心的感谢！《丛书》的出版，得到内蒙古人民出版社领导、各汉文编辑部的大力支持，特别是武连生副总编在《丛书》的总体策划方面提出了很好的意见，付出了艰辛的劳动，在此一并表示衷心的感谢！

马永真

2013年11月

于内蒙古社会科学院